スポーツマン
シップ
バイブル

スポーツに関わる
すべての人が必読の
「スポーツの真髄」

SPORTSMANSHIP
BIBLE 中村聡宏

日本スポーツマンシップ協会 代表理事

TOYOKAN BOOKS

なぜ今、スポーツマンを
育てなくてはならないのか

現代社会の課題

　現代社会には実に多くの課題が存在します。

　スポーツ組織をはじめ、企業、団体、組織、社会全体において、ガバナンスの欠如、コンプライアンス違反、ハラスメント、不正、偽装、隠蔽、官僚による政治への忖度、差別、体罰、DV、ドラッグ、SNSも含めたいじめ……などといったさまざまなニュースを目にします。

　これらに共通するのは、その原因の多くが「人」にあることです。そして、このような人間自身の問題を解決するために、最も重要となるのが「教育」だといえます。

　スポーツでは、知性、精神、肉体を一致させてバランスのとれた行動をとることが求められます。それは本来、人材教育において大変有効なソフトであることを示しています。「スポーツマンシップ」を理解し、実践できるような教育を充実させていくことは、スポーツにとって重要なことであり、また現代社会における諸問題を解決するキーワードとしてのスポーツマンシップの重要性を、今こそ考え直しましょう。

スポーツマンシップ問題の出発点

　「スポーツマンシップ」という言葉自体は、ほとんどの人が知っていると思います。かつてはいわゆる選手宣誓として、さまざまなスポーツの競技大会、運動会、体育祭などの開会式で「スポーツマンシップにのっとり、正々堂々と戦うことを誓います！」という宣言がされていました。しかしながら、あらためて「スポーツマンシップとはどういう意味か」と尋ねられると戸惑ってしまうのではないでしょうか。

　スポーツをする上で重要な精神であることは、多くの方が理解していると思いますし、「スポーツマンシップを欠く行為だ」などと発言することもあるでしょう。しかし、この言葉の意味を明確に説明してもらう機会もほとんどなく、さらに、誰もが知っている言葉ながら誰にも説明されていないということに不自然さを感じていなかったことも不思議なことですよね。

　はっきり説明することのできない精神に「のっとって戦う」ことは不可能です。そして、説明できないものにのっとって戦うと公衆の面前で口にさせていること自体、不健全ではないでしょうか。

　なじみ深いのに不明確で曖昧な言葉、スポーツマンシップ。これこそがスポーツマンシップ問題の出発点です。

日本語と英語の「スポーツマン」の違い

　スポーツマンシップ研究・普及活動の第一人者である故・広瀬一郎氏は、この不自然さに気づき、日本スポーツマンシップ協会の前身であるスポーツマンシップ指導者育成会を発足させました。彼は、「スポーツマンシップとは一体なにか？」について研究を進めていく中で、日本語の「スポーツ

マン」と英語の「sportsman」の違いについて指摘しています。

『広辞苑』で「スポーツマン」を引くと「運動競技の選手。またスポーツの得意な人。」と書かれています。『広辞苑』に限らず、日本語の辞書で「スポーツマン」という言葉の意味として、人間性に関して書かれているものはほとんど見当たりません。一方で、英英辞典（英語版国語辞典）の1969年版『POCKET OXFORD DICTIONARY』で「sportsman」を引くと「good fellow」とだけ記されています。すなわち「よき仲間」だというわけです。

スポーツマンシップが、スポーツマンらしさであるとするならば、「彼はスポーツマンらしくない」とか「スポーツマンらしく振る舞いなさい」などといわれる際の感覚から考えると、単純に運動能力や身体に関わる要素だけではなく、人間の内面や精神に関わる意味合いが含まれている「good fellow＝よき仲間」という意味のほうがしっくりくると感じます。

スポーツマンはかっこいい人

スポーツマンシップについては、「勝負の世界でそんな綺麗事をいっていても勝てない」という意見も少なくありません。しかし、そのスポーツの頂点を極めるような選手になればなるほどスポーツマンらしい人格者であることに気づかされます。スポーツも突き詰めていけば突き詰めていくほど、実はスポーツマンシップが必要となります。

2018年平昌オリンピックのスピードスケート女子500mで金メダルを獲得した小平奈緒選手は、オリンピック新記録の滑りで首位に立つと、口元に人差し指を立て「静かに」と満員の観衆に対して促しました。それは、同種目でオリンピック3連覇を狙うライバルである地元・韓国の李相花選

手をはじめ、後に滑る選手たちへの思いやりでした。全選手滑走後、金メダル獲得が決まりウイニングランをしていた小平選手は、銀メダルに終わり泣き崩れる李選手を見て、近づくと彼女を抱きしめ、「チャレッソ（韓国語で「よくやった」の意）」と声をかけたといいます。それに対し李選手も「ナオこそ、チャレッソよ」と答え、健闘を称え合いました。「大切な友人」と互いに認め合う両者のすがすがしい立ち居振る舞いは、メディアやSNSなどでも大きな話題になりました。

「オリンピックの舞台でベストの滑りをすべく努力をしてきたので、そうできる自信がありましたし、実際にオリンピックレコードで滑れたことはうれしかったです。でも、みんながベストの滑りをする中で、私もベストの滑りをしてその上で勝ちたいという気持ちがありました」

「私は、誰かに勝つことよりも、自分の滑りが究極であるかに価値を感じています。ですから、勝たなければならないということに対するプレッシャーはなくて、自分自身と向き合う戦いのほうがむしろ難しくシビアに感じています」

「かつて試合での表彰台に上れなかった時期からずっと、"どんなに悔しくても表彰台に上がった3人を称えよう"と心がけてきました。勝ったときも負けたときも、競い合う仲間に対してリスペクトする心を大切にしてきたのです。互いを尊重し合いフェアに戦うスポーツマンシップは大切なものです。李相花選手だけではなく、他の選手、スケートに関わるすべての仲間たちと称え合いたい気持ちをつねにもっています」

これらは、自らを「求道者」だという小平選手からレース後に聞いた言葉です。ライバルを尊重しながら、自分に嘘をつかず自らを磨き続け、勝利のために全力を尽くす。本や論文などを読み込み学び続け、努力と鍛錬を重ね、競技を極めるべくスケートと向き合ってきました。金メダルは、人間力を磨き上げてきた小平選手へのご褒美のように感じました。

　また、2016年リオデジャネイロオリンピックの陸上競技、男子4×100mリレーで日本チームが銀メダルを獲得したレースでも印象的なシーンがありました。

　レース後に、メダル獲得を喜ぶ選手たちがウイニングランをしていたところ、金メダルを獲得したジャマイカチームのアンカーを務めたウサイン・ボルト選手が、歓喜に湧くメダリストたちに声をかけて、スタジアムのセンターポールを指差して静かにするように促していたのです。それは、ときを同じくして、女子5000mの表彰式が行われており、金メダルを獲得したビビアン・チェルイヨット選手（ケニア）の栄誉を称えるケニア国歌が流れ、国旗掲揚が行われていることに気づいたからでした。金メダルを獲得して歓喜に湧いているときでも、他のアスリートへの尊重を忘れることのないチャンピオンの姿に、本当の強さと凄さを感じさせられました。真の強さの裏にスポーツマンシップあり、というわけです。

　トップレベルの戦いこそ、単なる肉体強化だけではなく、プレーヤーの全人格（Character）的な強化が求められます。スポーツマンシップを備えているということは、いい換えれば、自らをコントロールし「他者に対して寛容で優しく、自分に対して謙虚で厳しく」できることでもあります。

　前述の広瀬氏によれば、英語には"He is a good sport."といういい回しがあり、「彼は信頼に足る人物である」という意味で使われるそうです。

「ある人が真にスポーツマンであるかどうかは、勝負に敗れたときの態度でわかる。負けたときに素直に負けを認めて相手を称え、しかし、意気消沈せずにすぐ次に備える人こそ真のスポーツマンだ」というわけです。

　映画『英国王のスピーチ(原題:The King's Speech)』のワンシーンに、「She is a sport！」というセリフが出てきます。日本語字幕版では、このセリフが「立派な女性だ！」と訳されています。これもまさに、イギリスにおける「sport」という言葉の使われ方の実例といえるかもしれません。

　スポーツを正しく理解し、愉しむことができる人とは、他人を尊重し、自分を厳しく律することができ、信頼のおける「かっこいい人」のことだといい換えることもできるでしょう。スポーツを正しく理解し、スポーツマンシップを体現すれば、運動能力の有無を問わず誰もがスポーツマンになれるのです。

現代社会に求められる人材とは

　2011年3月11日に起きた東日本大震災は、千年に一度という大きな天災でしたが、被害を甚大にしたのは「人災」的側面でした。福島の原発事故は、今もなお「人災」の深刻さを私たちに教えてくれます。冒頭に申し上げたように、現代社会における問題の多くが「人」の行動や精神にまつわる問題です。こうした人災の問題を根本的に解決するためには、人材教育が必要です。

　人災に対応する人材育成で重要になることの一つが、「リーダーシップ」教育でしょう。そのリーダーシップを理解するリーダーとフォロワーやメンバーによる「フォロワーシップ」や「メンバーシップ」が揃って、組織は機能します。普段は目立たないリスク要因が非常時に顕在化したとき、

7

リーダーに求められるのは「決断力」と「実践力」です。

　近代スポーツは19世紀半ば、英国のパブリックスクールで誕生しました。当時のスポーツは「スポーツマンシップ」を示すゲームだと考えられていました。スポーツマンシップとは、「他者の多様性を尊重し」「勇気をもって」「自ら全力でやり抜く覚悟」のこと。パブリックスクールでエリート教育を施されたリーダーたちは、こうしたスポーツマンシップを身につけていきました。

　本来、社会的要請に応える人材育成をするためのソフトとして、スポーツは発展してきました。スポーツの本質的価値は、スポーツマンシップを理解し実践できるスポーツマンを育てる場であるということです。そんな「かっこいい人＝スポーツマン」が増えれば、スポーツ界がよくなるばかりか、よりよき社会、よりよき世界となることを期待できるはずです。

　今こそ、スポーツ本来の価値を見直し、スポーツマンシップを理解し実践することを通して、よりよき人を育み、よりよき社会づくりに挑戦していきましょう。

2020年1月
一般社団法人日本スポーツマンシップ協会
代表理事　中村聡宏

CONTENTS

スポーツマンシップバイブル

第1章
スポーツとはなにか

第2章
スポーツマンとはどんな人か

第3章
スポーツマンシップとはなにか

第4章
尊重とはなにか

第8章
スポーツマンシップという原理原則

第9章
たかがスポーツ、されどスポーツ

第10章
すべてはプレーヤーのために

スポーツとはなにか

スポーツは「運動」+「ゲーム」。
愉しくなければ、スポーツではない。

意外と答えられない「スポーツってなに?」

スポーツマンシップってなんでしょう。

スポーツマンってどんな人でしょう。

それらを考える前にまず理解しておかなければならないこと、それは**「スポーツとはなにか」**ということです。

「スポーツとはなにか」と聞かれて、あなたは答えられますか?

なぜ、私たちはスポーツをするのでしょうか。

なぜ、子どもたちにスポーツをさせようとするのでしょうか。

なぜ、人はスポーツに熱狂するのでしょうか。

それらを考える上でも、あらためて「スポーツとはなにか」について立ち止まって考えなければなりません。いい換えれば、**「スポーツの本質とはなにか」**ということです。

スポーツ=運動+ゲーム

スポーツが運動（身体活動）であることには異論がないでしょう。

しかし、単なる運動ではありません。

赤ん坊がハイハイをしたり、高齢者がリハビリのために散歩したりするのも運動ですが、これらはスポーツとは呼べません。実は、運動にある要素を加えないとスポーツにはならないのです。

その答えが「ゲーム」です。ゲームとは、「ルールにのっとって競争する遊び」のことをいいます。

スポーツでは「**ゲーム（Game）をプレー（Play）する**」といいます。試合そのものがゲームと呼ばれ、またゲームの参加者のことをプレーヤー（Player）と呼びます。Playには遊ぶという意味があるように、**運動＋ゲームであるスポーツも「遊び（Play）」**なのです。

遊びは、本来誰かに強制されるものではなく、自ら愉しむもの。強制されては愉しいものも愉しくなくなってしまいます。

たとえば、子どもたちに対して「ゲームをしなさい！」とはいいませんよね。これはスポーツも同じことです。

スポーツはゲーム。自ら愉しむものであることが前提です。

真剣に遊ぶことが重要

　遊びの要素がある運動、そのすべてがスポーツというわけでもありません。たとえば、子どもがジャングルジムを登ったり、公園を走り回ったりして遊んでいるだけでは、スポーツとは呼べません。

　スポーツと単なる遊びとはどこが違うのでしょうか。

　スポーツは、ただ愉しむというだけでなく、真剣でなければなりません。それは、ゲームには、ルールに基づいて行う勝敗をかけた競争という要素があるからです。

　たとえば、趣味で行う釣りや登山や乗馬などのように、勝敗を競わずに気晴らしとして愉しむのであれば、スポーツというよりもレクリエーションと呼ぶほうがしっくりくるかもしれません。

　勝利をめざして競争することがゲームの重要な要素であり、スポーツの本質です。勝敗を競うということは、敗北のリスクを背負うことでもあります。快楽の要素もありますが困難もあります。うれしい結果になることもあれば悲しい結果になることもあります。そうしたすべてを含めて覚悟し、真剣に愉しむのがスポーツの醍醐味です。

　スポーツは、運動＋ゲーム。いい換えれば「運動を通して、競争を愉しむ真剣な遊び」のこと。スポーツは私たちが真剣に愉しむためのものなのです。

スポーツ最大の愉しみは勝つこと、克つこと

　真剣な遊びであるスポーツにおいて、最高の喜びは「勝利」です。**ス** **ポーツを愉しむ上で全力で勝利をめざすことはいうまでもなく当然のこ** **と**であり、大切なことです。

　スポーツをしているときの喜びとして、上達してできなかったことができるようになったり、自己ベストを出したり、目標を達成したりするケースもあるでしょう。これも、「過去の自分自身に勝利する＝自分自身に克つ」ということができると思います。

　「勝ちたい」と願えば勝てるわけではありません。勝利という喜びを得るためには、苦しい練習を乗り越え、自分の弱い部分を克服し、相手を分析・研究して立ち向かい、全力を尽くす必要があります。

　こうした**すべての過程を愉しむことがスポーツを愉しむということな**のです。

スポーツに必要な3つの要素

　このように、スポーツは勝敗を競う真剣な遊びです。では、ゲーム（試合）を愉しむために必要なものはなんでしょうか。それが、「**プレー** **ヤー（相手・仲間）」「ルール」「審判」**です。

　「プレーヤー」の中でもとくに重要なのは、戦う「相手」の存在です。相

手がいなければ、**私たちはゲームを愉しむことができません。**ゲームの結果、勝者と敗者に分かれます。片方が勝てば必ずもう片方が負けることは必然です。

　ゲームは、プレーヤーたちが自らを高めた結果、その能力を表現するすばらしい場です。自分も相手も勝利をめざして練習し、より優れた成果を出そうと努力します。勝利するために、ゲームでベストを尽くし、限界に挑戦します。勝利するためにお互いが本気になりすばらしいパフォーマンスを発揮することで、すばらしいゲームが成立します。

　すなわち、**対戦相手はすばらしいゲームを実現するための大切なパートナー**です。勝ちたい、倒したいと思ってゲームに臨むので、私たちと相手は一見敵対関係に見えますが、ともにゲームを愉しむという価値観を共有する同志なのです。スポーツで対戦するのは決して「敵（Enemy）」ではなく「相手（Opponent）」、大切な仲間であるというわけです。

　「チームメイト」も勝利に向けてチームワークを発揮する「仲間」として大切な存在です。一方で、そんなチームメイトも、あくまで自分とは異なる他者であることを理解しましょう。ともに勝利をめざす同志であると同時に、対戦相手同様、チーム内では切磋琢磨するライバルとして自らを高めてくれる存在であることも多いはずです。

　また、「ルール」は、スポーツというゲームを愉しむ上で、あらかじめ

取り決めた具体的な約束事でありスポーツの根本的存在です。競い合う
上で設定されている「ルール」も、スポーツを愉しむ上で欠かすことは
できません。ルールの役割などについては、また第7章で詳しく考え
ましょう。

　さらに、このルールを司る「審判」の存在も重要です。プレーヤーが
ゲームを愉しむために、ルールに基づいてジャッジして競技の進行を
スムーズに保つ審判は、社会の秩序を保つ警察官のようでもあり、マ
ナーを教える親のようでもあり、オーケストラをまとめる指揮者のよ
うでもあります。優れた審判は技術を駆使し、またプレーヤーとコ
ミュニケーションをとりながらゲームを円滑に進行します。プレー
ヤー同様、審判も自分たちの役割を果たすべく努力しています。審判
のほとんどが、そのスポーツを愛して審判になろうと決心し、判定す
るためのさまざまな知見や技術を会得します。プレーヤーが愉しめる
ようにゲームを統率する**審判も信頼すべき仲間**であることを忘れては
いけません。

　このように、「プレーヤー（相手・仲間）」「ルール」「審判」が揃っては
じめて、スポーツが愉しめることを理解しましょう。

3つの要素があればスポーツは愉しめるか

では、「プレーヤー（相手・仲間）」「ルール」「審判」が揃ってさえいれ

ば、私たちはスポーツを愉しめるでしょうか。勝ちさえすればスポーツは愉しいのでしょうか。

　まず、「対戦相手」について考えてみましょう。

　たとえば、大学生の試合相手が小学生だった場合、真剣にゲームを愉しめるでしょうか。相手チームのプレーヤーが全員ケガ人だったら、勝って素直に喜べるでしょうか。

　「ルール」についてはどうでしょう。

　たとえば、一方のゴールが小さく、もう一方のゴールが大きい状態でサッカーの試合をして愉しいでしょうか。片方のチームが9人、もう片方が30人守っている状態で野球をして愉しめるでしょうか。

　ルールの質も重要であり、ルールが不公平であれば、私たちはスポーツを心から愉しむことが難しくなります。

　当然、「審判」についても同様です。

　チーム関係者などが審判を務め、えこひいきをしてもらって勝ったとしても、心から喜ぶことは難しいはずです。

　このように自分の力だけでは、スポーツを愉しむことはできません。力量が拮抗した倒しがいのある相手が、真剣に全力で立ち向かってきてくれる。公平なルールが用意されている。そのルールに基づき、公正な判定をしてくれる審判にジャッジをしてもらう。**周囲の環境が整ってはじめて、私たちはスポーツを心から愉しむことができるの**

です。私たちはスポーツをする上で、自力だけではどうにもならない要素に対しても、さまざまな要求をしてはじめて愉しむことができるという事実に気づくはずです。

勝利よりも大切な「Good Gameをめざす」こと

スポーツはたしかに遊びの一種ですが、ただ愉しむだけではなく真剣でなければならないと述べました。ゲームが勝敗をかけた競争であり、勝利をめざして努力し、全力を尽くして競うことがスポーツの本質だからです。

一方で、かつて貴族や紳士がたしんでいたスポーツでは、**勝敗にこだわることは下品**だとされていました。結果次第で喜ぶこともあれば悲しむこともあります。結果にこだわるのではなく、「ゲームにおいてどのように振る舞ったか」が一番重要とされていたのです。スポーツは本来、結果に至る過程を愉しむ遊びでした。このようなことをすべて理解した上で、スポーツと真剣に向き合うことが大切です。

スポーツとは、「いいゲーム（Good Game）をめざして自らプレーする身体活動」のことだということを理解しましょう。

スポーツの
歴史的背景を知る

スポーツの語源は、ラテン語の「deportare」だといわれています。これは、「運び去る、運搬する」を意味し、転じて「気晴らし、休養する、愉しむ、遊ぶ」といった意味で使われていた言葉でした。その後、desport（中世フランス）やdisport（14世紀イギリス）として使用され、さらに、sporteまたはsport（16世紀イギリス）と省略されていき、19世紀から20世紀にかけて国際的に使用されるようになったといわれています。私たちが「sports」と呼んでいるものは19世紀のイギリスで創られたため、イギリスは「スポーツの母国」と呼ばれているのです。

ちなみに、「sportsman」という言葉が公に使われたのは1700年に全英ジョッキークラブを「Sportsman club」と名づけたという説がはじめだという説もあり、また、「sportsmanship」は中世ヨーロッパの騎士道精神に端を発するともいわれています。これらには諸説ありますが、スポーツマンシップの重要性が注目されたのは、近代になってからです。

いずれにしても、その語源にあるように、スポーツは遊びであることを忘れてはいけません。

ただの遊びだったものが、ルールが定められ、現在のようなスポーツへと変化していった背景には、イギリスにおける植民地政策と産業革命が大きく影響しているのです。

植民地をマネジメントするためには、有能な人材が必要でした。その人材育成を担っていたのが、ジェントルマン（紳士）を育てるパブリックスクールでした。

植民地の多くは、本国イギリスとは気候やその他の自然条件が違いますし、生活環境も整っていません。水や食事が合わなかったり、猛暑や酷寒という過酷な気象条件にさらされたりすることもあります。植民地に派遣されるマネジャーには、体力、筋力、内臓を含めて、いかなる条件にも耐えうる「強靭な身体」が必要でした。

また、さまざまな困難が待ち受ける場所へ、尻込みすることなく、むしろ誇りに思って率先して赴く「勇気」も必要です。当時は電話やインターネットといった通信環境も整っていない時代でしたが、誰かの判断に委ねるのではなく、危険にもひるまず、不安に立ち向かい、自ら毅然と対処する「決断力」と「行動力」も求められました。

本国によるマネジメントや監視の目が届きづらい遠く離れた地では、どんな規則や罰則も効き目はありません。したがって、本人が自らを戒める「自律心」や、国に忠誠を尽くす「忠誠心」、ごまかしや不正を許さない「誠実さ」も兼ね備

えていなければなりません。

その上で、仲間とコミュニケーションをとり、言語、人種、文化の違う現地の人々を理解するために「尊重」の精神も不可欠です。このような厳しい環境と向き合う「覚悟」が求められたのです。

ここで述べた能力はすべて、スポーツのプレーヤーに求められる能力でもあります。遊びを通してこれらの能力が身につくように、スポーツというソフトを創り出し、活用したのです。

その後、19世紀になると産業革命が起こります。機械による生産が始まり、工場が建てられ、都市ができました。それまで村で農業をしていた人々が工場で働くために都市にやってきました。労働者は週6日働き、日曜日は休むようになります。労働者は、余暇の日曜日にスポーツを愉しむようになりました。パブリックスクールで学ぶような上流階級だけの遊びだったスポーツが、大衆化され誰もが愉しめるようになっていきました。労働者たちはスポーツ

を賭け事の対象にするなど、プレーヤーたちが愉しむだけでなく、ファンが贔屓のチームを応援して愉しむようになると、「勝敗」に対する重要性がより高まるようになりました。スポーツが大衆化したことによって、人々はより結果にこだわるようになったといわれています。

このようにして、より「勝利すること」に重きがおかれるようになりました。「勝つことがすべて」という考え方が一般的に蔓延していくことで、目の前の勝利に固執する指導者、プレーヤー、ファンが増えていくことはごく当然のことだったといえるでしょう。

しかし、ジェントルマンを育てるためにとり入れられたスポーツが、本来最も大切にしていたのは「ゲームにおいてどのように振る舞ったか」でした。当時は、勝敗にこだわり、勝ちたいという欲望をむき出しにすることは下品とみなされました。スポーツと向き合う上では、勝利という究極の快楽だけを求める自らの欲望を律し、そ

の過程に待ち受けるさまざまな困難をも受け入れ、結果に至るプロセスも含めて愉しむことが求められたのです。

当たり前のように、「勝つことがすべてだ」と思い込んでいるプレーヤーや指導者も少なくないはずです。もちろん勝つことが大切であることは否定しません。

しかしながら、ゲームを行うたびに勝者と敗者が生まれます。本当に勝利しなければ価値がないのであれば、ゲームのたびに価値を感じることができる人は決して多くないことになります。

しかし、それは本当でしょうか。敗北には価値がないどころか、勝利したとき以上に多くの学びを得られることも、スポーツに関わるみなさんであれば理解できるはずです。

こうしたスポーツの歴史的背景を学び、そして、今こそスポーツに本来求められていた精神を大切にすべきときを迎えているのではないでしょうか。

第2章

スポーツマンとはどんな人か

スポーツマンはGood Fellow。
他人から信頼される「よき仲間」のこと。

スポーツマンはスポーツの得意な人？

本書冒頭、「はじめに」で述べたように、『広辞苑』で「スポーツマン」を引くと「運動競技の選手。またスポーツの得意な人」と書かれています。その他多くの国語辞典などを見ても、スポーツマンの定義は「スポーツが得意」「スポーツ愛好家」「スポーツをする頻度が高い人」といった要素に集約されがちです。

スポーツマンシップに関する講演や講義などで受講者のみなさんに、「スポーツマンと聞いてどんな人を想像しますか？」と尋ねると、「スポーツをしている」「運動神経がいい」「爽やか」「健康的」「日焼けしている」「体がガッチリしている」……などといった答えが返ってきます。さらに、中には「スポーツマンがどんな人のことをいうのかわかりません」と返答する人もいます。

たしかに、あらためて「スポーツマンはどんな人？」と聞かれると、答えに困る人も多いのかもしれません。

スポーツマンのイメージ

sportsman=good fellow

　前述のとおり、『POCKET OXFORD DICTIONARY 』(1969年版)
では「sportsman」は「good fellow」と訳されています。すなわち、**ス
ポーツマンとは「よき仲間」**だというわけです。

　この訳の中には、運動に関する要素がそもそも含まれていないこと
には驚かされます。しかしながら、あらためて考えてみて、どちらの
訳がスポーツマンにふさわしく感じるでしょうか。

　スポーツがGood Gameをめざしてプレーする身体活動のことをい
い、スポーツマンシップがその過程で発揮するスポーツマンらしさで
あると考えれば、スポーツマンに求められるのは、身体的要素以上に
人間の内面や精神に関わる意味合いが重視されているほうがしっくり
くるように感じます。

　ちなみにヨーロッパでは、オーケストラなどで周りのプレーヤーが
出す音をよく聴きながらすばらしいアンサンブルを奏でるプレーヤー
のことを「sportsman」と呼ぶ文化があるそうです。

　**スポーツ本来の意味や価値を理解して愉しむことができ、スポーツマ
ンシップの意義を理解し実践できるよき人格者。自らを律することがで
きる、他人から信頼されるかっこいい人。**

　そんなGood Fellowこそが「スポーツマン」だといえるのです。

スポーツマンに求められる3つの気持ち

では、そんなスポーツマンになるための条件とはなにか。

日本スポーツマンシップ協会では、以下に掲げる3つの気持ちを備えている人をスポーツマンと定義しています。

- 尊重:
  プレーヤー（相手、仲間）、ルール、審判に対する尊重
- 勇気:
  リスクを恐れず、自ら責任をもって決断・行動・挑戦する勇気
- 覚悟:
  勝利をめざし、自ら全力を尽くして最後まで愉しむ覚悟

それぞれについて詳しくは後述しますが、相手、仲間などの「プレーヤー」、「ルール」、「審判」に対する「尊重」の精神は、**多様な他者を許容する**ことです。「監督」「コーチ」「指導者」「教員」「保護者」「ファン」も大切にするものの対象となるでしょう。このような尊重は、「フェアプレー（Fair play）」や「チームワーク」につながります。そして、**相手や困難に向き合い責任をもって決断する「勇気」**や、**勝利をめざして自ら全力を尽くして最後まであきらめずにやり抜き愉しむ「覚悟」**は、自ら

を鍛える自己成長や自己研鑽を実現させます。これらは、**プレーヤーが競技を通じて少しずつ身につける人格的な総合力**ともいえます。

　遊びである以上、誰かに強制されて行うことはスポーツではありません。ですから、スポーツをする人には、まず自らの判断力が求められることになります。スポーツをするためには、スポーツを愉しむ人それぞれが自主的にそのスポーツの意味を理解して認めること、スポーツを「尊重すること」が大前提なのです。スポーツにおいて大切なあらゆるものを尊重し、自ら考え実践することが、スポーツマンに求められる最も基本的な姿勢です。

　その上で、自らの弱さや欠落を認め「勇気をもって挑戦すること」、厳しいトレーニングや苦しいゲームをはじめ、スポーツを愉しむ過程にはさまざまな困難があると「覚悟してスポーツと向き合うこと」を通して、自らの知性と精神と肉体を磨いていくことが大切です。

　自分自身のあるがままの姿を認めることが、人格を磨くためのスタートです。スポーツマンになろうと心がけることで、**自らをとりまく人々の多様性やさまざまな困難を許容し、差別や偏見のないフェアで公正な考え方ができるようになるとともに、自らとの闘いに挑み、自己に打ち克ち、自分自身を磨き成長すること**ができるようになるのです。

　このように理解すると、スポーツマンがGood Fellowであるということも納得がいくのではないでしょうか。

Good Loser（よき敗者）

　ある人が本当にスポーツマンであるかどうかは、勝負に負けたとき の態度でわかります。**真のスポーツマンは、悔しさをこらえ素直に負け を認め、相手を称え、そして意気消沈せずに次に備えることができる人** です。

　勝利をめざしていたからこそ、簡単に敗北を認めることはできない ものです。しかしそれでも、敗戦にふてくされず、誰かのせいにもせ ず、相手を称えられる人。そして、負けた原因を分析し、自分の弱点 を克服すべくまた努力し、そして次の勝利に向けて立ち向かえる人。 そういう人こそ本当のスポーツマンと呼べるのです。

　「君たちが強かった。ナイスゲーム。おめでとう！」

　このように、**負けたときに潔い人を、英語で「Good Loser（よき敗 者）」**と呼びます。

Good Loserになるためには、負けたときに、文句をいったり誰か
を責めたり泣きごとをいったりして敗北の責任を逃れてはいけませ
ん。審判に対する態度も同様に重要です。残念な結果に落胆して、審
判の判定のせいにするような態度は決して許されることではないです
し、格好が悪いことです。一人の人間としてプレーした内容と、結果
について真正面から向き合うべきです。

敗北はチームメイトとのレギュラー争いにも生じます。

自分がレギュラー争いに敗れ、控え選手になってしまったときに、
監督の選手選考に対してふてくされるようではいけません。

「おめでとう。私の分まで活躍してね！」

とエールを送れるかどうかでスポーツマンかどうかがわかります。悔
しさをこらえ、冷静に自分に足りない部分を見つめ直し、次のゲーム
ではレギュラーになれるように奮起して努力することが大切です。

選手交代の際も、同様です。上手にプレーできなかったために自
分としては不本意ながら交代を命じられる場合もあります。その際、
「なぜ自分が交代なのか」と八つ当たりするのは、交代してフィールド
に入るチームメイトに対して、尊重のない失礼な言動です。

「この後は頼む。僕の分まで頑張ってくれ！」

このように、後から入るチームメイトがプレーしやすいように励
まし、ピッチに送り込める人こそスポーツマンです。本当のGood

33

Fellowは、チームメイトからも信頼されます。

　Good Loserとしての振る舞いが大切なのは、単にそれがスポーツマンらしい態度だからというだけではありません。

　「勝って兜の緒を締めよ」という言葉があります。由来は、戦国時代の武将・北条氏綱がいったとされる言葉ですが、「成功したからといって気をゆるめず、さらに心を引き締めろ」という戒めです。しかし実際には、勝利した後に油断せず、反省して、悪かった部分を改善することは難しいものです。成功しているときに、自分の悪いところを徹底的に分析するのは簡単なことではありません。

　一方、負けたときはどうでしょうか。悔しさと恥ずかしさ、努力が報われなかった喪失感でいっぱいです。しかもその上で自分の弱さを認めることは、大変つらく難しいことです。しかしながら、冷静になって本当の敗因を探り、それを克服するためのトレーニング方法を考え実践しようとすれば、私たちはまた前進することができます。それが成長するということです。

　「失敗は成功の母」といいますが、まさに「敗北は成長の母」です。**「なぜ負けたのか」を反省し、「自分」「チーム」「相手」を客観的に評価することが新たなスタート**となります。

　これは決してスポーツに限った話ではありません。自分の失敗を素直に認め、真摯に反省して自らを客観的に見つめ直し、足りないとこ

ろを見極め、その弱点を克服すべく努力することが、人間を成長へと導きます。失敗したときこそ、自分自身を成長させるための最大のチャンス。成功者を妬み、悪口をいうのではなく、**ライバルの勝利や成功を称え、自らの足りない部分を謙虚に受け止め、次の成功や成長を求めて努力することが大切**なのです。

　2016年リオデジャネイロオリンピックの体操男子個人総合で銀メダルとなったオレグ・ベルニャエフ選手(ウクライナ)の振る舞いは非常に印象的でした。

　ベルニャエフ選手は、最終種目の鉄棒を前にして、2位の内村航平選手に0.901点の大差をつけてトップに立っていました。ここで内村選手は、得意種目である鉄棒で次々と高難度の離れ技に着地も完璧に決め、15.800点の高得点を叩き出しました。一方、ベルニャエフ選手の演技は14.800点にとどまり、総合得点を92.365点とした内村選手がわずか0.099点差で大逆転して、金メダルを獲得したのです。

　試合後のメダリスト会見では、記者から内村選手に対して「わずか0.1ポイント差の勝利でした。あなたは審判から好かれていると思いませんか?」という質問が出ました。この大会の金メダルで、世界大会8連覇となった内村選手の実績が、審判の判定に影響をおよぼしたのではないかと疑問視されたわけです。この質問に対して内村選手が

「全くそんなことは思っていません。公平にジャッジをしてもらっていると思っています」と答えると、口をはさんだのがベルニャエフ選手でした。

　「審判も個人のフィーリングはもっているだろうが、スコアに対してはフェアで神聖なもの。航平さんはキャリアの中でいつも高い得点をとっている。それは無駄な質問だ」と一蹴したのです。オリンピックという夢の舞台で大きなリードを奪い、金メダルを目前にしながら、ほんのわずかの差で逆転負けしてしまったベルニャエフ選手は、悔しくてしかたなかったはずです。しかし彼は、「航平さんを一生懸命追っているが追いつくのは簡単じゃない。伝説の人と一緒に競い合えていることがうれしいんだ。世界で一番クールな人間だよ」といって勝者を称えたのです。そんなベルニャエフ選手はまぎれもなくGood Loserだといえるでしょう。

　また、2018年平昌オリンピックのスノーボード男子ハーフパイプで2大会連続となる銀メダルを獲得した平野歩夢選手が見せた姿勢もすばらしいものでした。

　この競技で平野選手の最大のライバルと目されていたのが、2006年トリノ、2010年バンクーバーとオリンピックで金メダルを2度獲得しているショーン・ホワイト選手（アメリカ）でした。決勝での2本目。平野選手は、FS（フロントサイド）ダブルコーク1440、キャブダブルコーク1440と、決勝のためにあたためていた連続4回転の大技を成功させて一躍トップに立ちます。

　しかし、ホワイト選手も3本目の最終滑走でダブルコーク1440の連続技を決めると、その後もBS（バックサイド）ダブルコーク1260などの大技を成功させて、通算3度目となるオリンピック金メダルを獲得。平野選手は銀メダルに終わりました。

平野選手は試合後、「今回は最後ショーンが滑って、ショーン自身も過去一番の滑りだったと思うし、見ていてこれはやられたなと。次も自分が納得いく、これ以上の結果になるためにやり続けられたらいい」と語りました。一方、金メダルを獲得したホワイト選手も「（ダブルコーク1440を）歩夢がやっているのを見たことで、今日自分もやるというモチベーションが生まれた。歩夢にはライバルとして自分を後押ししてくれたことに感謝している。とてもうれしいよ」とコメントしたのです。

　Good Loserとして振る舞うことによって、よきライバルたちとよき関係が築き上げられていくことがわかります。このように、**Good Loserは、スポーツマンシップにおける重要な概念であり、スポーツをする上で心がけるべき振る舞いの一つです。**

Good Winner（よき勝者）

　勝ったときの振る舞いにもスポーツマンらしさは問われます。

　めざしてきた勝利を手に入れたとき、プレーヤーは達成感、充実感、満足感に包まれます。まさに、最高にうれしい瞬間です。しかし、そこには必ず同じように勝利をめざし敗れ去った対戦相手という仲間がいることを忘れてはいけません。

　勝利の喜びを爆発させるだけでなく、悔しい気持ちでいるであろうことに思いを馳せながら、ともに競ってくれた対戦相手の存在を大切に思いやることができる人。そして、勝った喜びに浮かれるだけでなく、反省点について思い起こし、その原因を分析し、自分のさらなる上達に向けて努力できる人。このように、**勝っても驕る（おご）ことなく謙虚さを忘れない人は、「Good Winner（よき勝者）」**といえます。

　2011年7月17日、サッカー女子ワールドカップドイツ大会決勝戦は、国際サッカー連盟（FIFA）ランキング4位の日本が同1位のアメリカに挑む一戦となりました。試合は延長戦を終えて2－2、PK戦の末3－1でアメリカを下した日本代表「なでしこジャパン」が6度目のワールドカップ出場でついに世界タイトルを手にしました。

　この年、3月11日に東日本大震災が発生し国民全体が悲しいムードに包まれている中、このなでしこジャパンの歴史的快挙のおかげで、日本列島が祝福と歓喜に湧きました。そして大会後、彼女たちには国民栄誉賞が贈られることになったのです。

　最後のPKが決まり日本が勝利した瞬間、なでしこジャパンのメンバーたちはキッカーとなった熊谷紗希選手に駆け寄って輪になり、喜びを爆発させました。しかし、宮間あや選手だけ、すぐにはその輪に加わりませんでした。宮間選手は、アメリカ代表選手たちの元に真っ

先に向かったのです。敗れて意気消沈している相手選手たちの元に向かって歩いて行くと、メンバー一人ひとりと握手し、ハグして抱き合い、互いの健闘を称えました。そして、全員とハグをし終えると、ようやく彼女は仲間の元へと向かって歩いていったのです。この様子が多くのメディアにとり上げられ、宮間選手のスポーツマンシップは世界中から高く評価されることになりました。

　アメリカのゴールキーパーを務めたホープ・ソロ選手は、「私にはいい友達がいる。それがアヤ・ミヤマよ。試合が終わったとき、アヤはまず私たちのところへ健闘を称えに来た。私たちがどれだけ悔しい思いをしているかわかっているからこそ、彼女がとてもリスペクトをする心の持ち主であることがよくわかる」と語っています。

　また、翌2012年のロンドンオリンピック準決勝の際にも、敗れたフランス代表の選手たちとともにピッチに座り込み、お互いの健闘を称え合う宮間選手の姿がありました。

　後に宮間選手に話を伺うと、「サッカーですから、勝負がつけばそこでゲームは終わり、友人関係に戻るわけです。私としてはごく普通の感覚で、ただ単に当たり前のことをしただけという気持ちでした」と当時の気持ちを明かしてくれました。宮間選手は、当たり前のようにGood Winnerとして振る舞っていますが、私たちはめざしてきた勝利の歓喜についつい我を忘れてしまいがちです。自分自身をコントロー

ルすることは決して簡単なことではありません。

　本書冒頭「はじめに」の中でご紹介した、小平奈緒選手やウサイン・ボルト選手のエピソードも、まさにGood Winnerの好例だといえるでしょう。

　　勝って驕らず。
　　負けて腐らず。

　対戦相手は敵ではありません。敵であれば、新型コロナウイルスのように「なくなればいいもの」ということになってしまいます。一方で対戦相手は、スポーツを愉しむための大切な仲間です。そして、強い相手と競い合うことが、自らを高める重要な機会であることをつねに忘れてはいけません。ゲームを終えたときに、お互いに**Good Winner**と**Good Loserを体現する**ことは、**スポーツマンらしい振る舞い**だといえます。

　ゲームでは勝利をめざして真剣に全力を尽くす勇気と覚悟をもちながら、自らを倒そうと向かってくる対戦相手や、ルール、審判に対してつねに尊重する気持ちを忘れず、試合終了後は周囲に対して感謝や配慮ができる謙虚さをもち合わせた人こそがスポーツマンだといえるのです。

スポーツマンと
体育会系人材

　鎖国が終わり、江戸幕府が大政奉還し、1868年に明治維新を迎えて以後、西洋の進んだ科学技術文明を目の当たりにした明治政府は、新時代に向けた教育制度に基づき、優れた人材を育成することで先進国に追いつこうとしました。1871年文部省を創設、その翌年には学制が施行され、独立自尊と実学の必要性を説いた福沢諭吉の『学問のすゝめ』が出版されました。当時の日本における教育の基本は、イギリスの哲学者であり社会学者であったハーバート・スペンサー（1820-1903）の教育論の影響を受け、「知育・徳育・体育」の三育とされたといいます。

　当時の日本で問題になったのは三育の優先順位で、日本人は西洋人に比べて体格が劣るという理由から、「体育」を重視する一派がい

たといわれます。富国強兵政策をはじめ、軍国教育の一環として体育が重視されるのは当然だったとも考えられています。

　日本の体罰問題には、実はこうした体育教育が影響していると主張する方もいます。

　しかしながら、19世紀後半から20世紀初頭の日清・日露戦争の頃までは、軍隊の中でしごきや体罰はなかったようです。兵士たちは全員が同じ方向を向いて強くなり、いわばONE TEAMとしてこれらの戦争に勝利しました。ただその後、さらに欧米諸国に挑む第2次世界大戦へと向かって進んでいく中で、短期間で屈強な軍隊に仕上げるための訓練過程に、暴力やしごきが流入し、それが一般化していったともいわれています。

　1925年4月11日に「陸軍現役将

校学校配属令」が公布され、官立および公立の学校において陸軍の訓練に準拠した学校教練を指導する体育教師のポストに、陸軍現役将校が配属されるようになりました。学校教練の教育現場で、軍隊の下士官が生徒たちを殴るといったことも珍しくなく、暴力に対して非常に寛容であったといわれています。そして、そのことが、学校体育の中に体罰、暴力、圧迫指導が増えていくきっかけとなり、さらには運動部活動に引き継がれていったのではないかとも考えられています。

「右向け右」

「前へならえ」

「気をつけ、休め」

私たちが経験した体育の授業を振り返っても、そうした名残らしきものを一部感じることができるシチュエーションはあります。

軍隊における兵士は、屈強であることと同時に従順であることが求められます。作戦を実践する上で、上官の指示に対して忠実に正確にしたがうことがなによりも重要なのです。

「俺のいっていることがわからないのか」

「話してもわからないヤツは罰を受けろ」

日本における運動部活動特有の「体育会系」と呼ばれる文化の中にも、目上の人や先輩に対する命令や意見に絶対服従であるべきといった上意下達の思想があります。そして、上からの指示や意見を聞き入れることができない者は、暴力を含めた罰を受けるのもやむを得ないという考え方が、体育会系という文化、言葉の中には残っていると感じます。

一方で、2016年の文部科学省による学習指導要領改訂以後、教育で育むべき学力として以下の3要素が注目されています。

1．知識・技能

2．思考力・判断力・表現力

3．主体性・多様性・協調性

「なにを理解しているのか、なにができるのか」という知識・技能をベースに、「理解していること・できることをどう使うか」という思考

力・判断力・表現力を積み上げ、さらに、「学びを人生や社会に生かそう」という主体性・多様性・協調性が求められるというわけです。生徒が教師から一方的に受け身で学ぶ暗記型の学習方法から、これからの社会で必要になる生徒が主体的に学びに向かう力と人間性を身につける方向へとシフトしてきているのです。

かつて企業から重宝されたいわゆる「体育会系人材」は、身体は頑丈で無理がきき、組織の上部からの指示に対して従順で、また日々直面するさまざまな不条理に対しても耐える力があるような人材をさすのではないでしょうか。

今でいえば、ブラック企業的な労働環境でも機能し、組織の体質に疑問をもつことなく、強いハラスメント耐性をもって働くことができるという人材ともいえるかもしれません。

もちろん、我慢強さも非常に重要な力ではありますが、上からの指示を待ち、ただいわれたとおりにやるだけの人材では現代社会で活躍することは難しいでしょう。

上意下達を重んじる集団行動の中で、指示を待ち、命令にしたがう素直さを重視する体育会系人材に対して、当事者意識をもち、他者を尊重する対等な関係性の中で個々の判断を重視するスポーツマン人材。スポーツマンと体育会系人材の最大の差は、自己判断能力の有無といえるかもしれません。

自分で判断する自由がある分、責任は大きくなります。それは、私たち国民が主権をもつ民主主義に通じる側面もあるといえるかもしれません。

これからの社会で求められるのは、自ら主体的に考え、判断し、表現する力をもち、多様性を許容し、チームに協調し力を発揮することができる人材です。コーチや先輩、年上の方や上司に対してだけではなく、同級生や後輩、同僚や部下も尊重し、自ら責任をもって発言・行動できるスポーツマンこそが、現代社会に求められるビジネスパーソンなのです。

第3章

スポーツマンシップとはなにか

スポーツマンシップは「Good Gameを実現しようとする心構え」。
私たちが生きる上でも重要となる人格的な総合力のこと。

スポーツマンシップにのっとれるか

「スポーツマンシップ」は誰もが耳にしたことがありながら、意外と説明できない言葉だといいました。スポーツマンシップに限らず、「スポーツ」「スポーツマン」など、私たちが聞き慣れている言葉も、いざ説明を求められると難しいもの。私たちが、普段いかに言葉と深く向き合っていないかを実感できたと思います。

スポーツマンシップという言葉が使われる最も代表的な場面が、「選手宣誓」ではないでしょうか。

「スポーツマンシップにのっとり正々堂々と戦うことを誓います！」

しかし、**説明することに困惑してしまうスポーツマンシップに、私たちはのっとることができるでしょうか。**そのことに無頓着なまま、子どもたちに選手宣誓をさせたり、スポーツマンシップという言葉を使ったりしていることは、不健全であるといわざるを得ません。

Good Game を実現しようとする心構え

スポーツとはなにか。

スポーツマンとはどんな人か。

これらについて考えたところで、あらためて「スポーツマンシップとは何か」について考えてみましょう。

スポーツマンシップは、スポーツマンになるための心構え、「Good Gameを実現しようとする心構え」です。これは、アスリートが競技を通じて少しずつ身につける**人格的な総合力**といえます。

ここでいうGood Gameを実現するための条件とは、スポーツに参加するすべてのプレーヤーが、前章で述べた「尊重」「勇気」「覚悟」の精神を発揮し、スポーツマンらしく振る舞うことです。

スポーツマンらしい心構え

尊重

勇気

覚悟

47

私たちすべての人間が有限です。当然その可能性にも限りがありますが、**スポーツマンシップの精神をもつことで、自分との戦いに克ち、成長し、自らに磨きをかけることができるようになります。**あるがままの姿を直視し、認めることではじめて人格を磨くことができるということを理解して、行動することが大切です。

古典に学ぶスポーツマンシップ

　『コーチのためのスポーツモラル』（1961年、金子藤吉著、新体育学講座第14巻／逍遥書院）の中で、筆者は「スポーツの目的は身体を強健にして心を純化することである。この目的からはずれるならばもはやスポーツではない」と指摘し、「ある一つの目的を達するためには技量ばかりでなく体力、精神力、知力のすべてを結集して、真剣な態度で研究努力しなければならず、スポーツが心の修練となることは当然のことである。洗練されたスポーツマンシップと立派な青年らしいマナーを身につけ、さらにフェアプレーを日常生活に具現するため、スポーツにおいて求めるところの理想的人間は民主的教養人、いいかえればジェントルマンでなければならない」と説いています。

　また、本書においてスポーツマンシップについて解説されていますが、「**スポーツの主な価値はスポーツの精神すなわちスポーツマンシップである。**もしも学校スポーツの中にこの精神が存在しないとするなら

ば、なんらの価値も意義もないものとなるであろう」と述べ、先人た
ちの言葉を紹介しています。そのいくつかを要約してご紹介すると、
以下のようになります。

　「**スポーツマンシップは原始的な道徳です。フェアにプレーしなけれ
ばなりません（you shall play fair）。**勝つためにベストを尽くしましょ
う。味方が不利ならば、いっそう奮闘しましょう。しかし、負けたな
らば笑顔で認め、ふたたび試みるつもりで帰ってきなさい。審判の
判定を認め、負けたからといって復讐など謀ってはいけません。相手
チームは賓客として迎え、地位の有利があれば相手に与えましょう。
これは行動する上で最も基本的な教訓であり、生徒の学ぶべきもので
あり、スポーツマンシップを養うためにもプレーを学校で行う十分な
価値があります」（ヘンリー・カーチス）

　「**スポーツマンシップは、尊重（respect）するということ。**試合の相
手、審判、規則などを尊重するということが基礎です。相手を尊重す
ればこそ、同じ条件の下でフェアに戦います。規則を尊重し、審判を
尊重し、だからこそこれに絶対服従します。このことは、ゲームその
ものを尊重することになります。試合を尊重するために、相手を尊重
し、規則を尊重して全力を尽くして戦うことになります」（ヨスト）

49

「スポーツマンシップの第一の重大要素はフェアプレーすることです（The first great factor in this spirit of sportsmanship is the habit of fairplay）。アメリカの少年たちはできるだけ各競技を上達しようとすると同時に、規則にしたがって競技しようと努め、競技中不正やズルいことをするのは軽蔑すべきこととみなされています。フェアプレーの原則は、一生涯を通じて家庭においても、政治においても、職業においても変わりません。それは、正直、気品、紳士道を意味し、これがフェアプレーの本質です。競技者は規則をよく理解し、これにしたがって競技し、競技は自己の全能力を発揮して一生懸命に行います。

　スポーツマンシップの第二の重要な要素は、よい負け手となることです（The second great factor in sportsmanship is to be a good loser）。アメリカでは公正に競技を行い、全力を尽くせば、たとえ負けても恥にはなりません。しかし日本では負けたチームの選手や、優勝しなかった選手は勝たなかったという理由で自分自身も恥をかき、学校に対しても不名誉なことをしたと思うと私は聞いています。競技する以上は勝ちたいですし、勝つ努力をして頑張りますが、勝てなかったのは不運のためです。スポーツマンシップはきれいに負ける者（good loser）たることを求めます。立派な負け手とは心の中の負けた苦痛を外に現わさず、勝った相手を快く祝う人のこと。全力を尽くし、公正に試合をしたのであれば負けても悪く思う必要はないのが真理です。

勝った者も、真のスポーツマンであれば負けた相手の努力と演技に対してそれ相当の敬意を払うことに全力を尽くすべきです」（シーフェリン中佐）

「スポーツマンシップとはスポーツマンの共有する行動に関する一種の規準で、スポーツマンたることによって自然に体得されるものです。すなわち、**フェアプレー、ベストを尽くす、相手を信じるという顕著な特質がスポーツの内容を構成しています**」（大谷武一／元・東京教育大学体育学部）

また、筆者は、「スポーツを行っている者の中に、スポーツマンシップの貧困な者、あるいはそのもちあわせがないとさえ思われるような人たちがあるかと思うと、一方スポーツをやっていない人の中でも、実に立派なスポーツマンシップを身につけている人に接することができる。したがってスポーツマンシップはスポーツマンだけの占有物ではなく、現代人としての教養を身につけ、高い知性と理性をもつ人の共有物でなければならず、日常生活の紳士道ということになる。**スポーツマンシップは武士道精神と同様に日本国民の良心でなければならない**。国民一般、とくに青少年に道義上の崇高な法典を与えるものであり、厳しい心身の訓練に服することを要求するものといえよう」

と述べています。

**スポーツマンシップは、スポーツに限った話ではなく、私たちが生き
る上でも重要な心構え**なのです。

スポーツで総合的な人間力を磨く

スポーツマンには自主性と判断力が求められます。

　スポーツは遊びですから、そもそも誰かに強制されて行うことで
はありません。つまり、スポーツをする人にはまず、「スポーツをす
るかどうか」という自分自身の判断力が問われることになります。ス
ポーツをするということは、スポーツを愉しむ人それぞれが自主的に
そのスポーツの意味を理解し、尊重することが大前提となるのです。
**スポーツに大切なことを尊重し自らが判断するということは、スポーツ
マンに求められる重要な要素です。**

　スポーツマンシップとはGood Gameを実現しようとする心構えの
ことですが、これはゲームの中だけに限定した概念ではありません。
真のGood Gameを実現するためには、ゲームの間だけよき振る舞い
をしていればいいのではなく、ゲームに臨む過程から、いいプレーが
できるように知性、精神、肉体を磨き上げることが求められます。ま
た、ゲームが終わった後も、勝敗という結果に左右されない人格者と
しての振る舞いが求められます。このようにゲームを中心にしなが

ら、**スポーツそのもの、ひいては日常生活のすべてを愉しむことを通して人間力を鍛えることが重要**なのです。

　人間力は、学力テストやIQテストなど数値化しやすい能力「認知能力（学業的認知能力）」と、表現力や意欲など数値化しづらい能力「非認知能力（社会情動性能力）」との総合力です。「非認知能力は幼児期の遊びで育まれる」という研究結果があります。「スポーツ」は、非認知能力を鍛える手段としても期待がかかります。

　ゲームや勝敗は、スポーツを愉しむための手段にすぎません。スポーツ本来の目的は、こうした手段を通じて「よき人格者（Good Fellow）に必要な要素を身につけること」です。スポーツを通して、総合的な人間力を磨くことの大切さを理解しましょう。

「勝ち」より重要な
スポーツが果たす教育的「価値」

　スポーツは遊びです。だからこ
そ、2011年のいわゆる「3.11」と
呼ばれる東日本大震災の後には、
野球やサッカーなどプロスポーツ
の開幕は延期され、節電のために
ナイター開催が見送られるような
措置がとられました。人々が生活
する上では、スポーツよりも大事
なことがあります。スポーツをし
なくても生きていけます。人生に
とってはとるに足りない些細な遊
びにすぎません。

　しかし一方で、2011年のサッ
カー女子ワールドカップドイツ大
会で日本代表「なでしこジャパン」
が優勝した際には、日本列島が歓
喜に包まれ、希望と勇気の光をも
たらしてくれました。それは、ス
ポーツの底力を感じさせる出来事
でもありました。

　人生にとっては重要ではない遊

びを通して、私たちはなにを学び、
なにを得るべきなのでしょうか。

　真剣に勝利をめざす過程で得ら
れる勇気や責任感、勝利を求める
欲望の中で所詮は遊びであると理
解し自らをコントロールする精神
力、そして、真剣に勝敗を争った
対戦相手やチームメイトとともに
育むスポーツを愛する仲間との友
情……。スポーツは、自己を成長
させ、切磋琢磨できるよき仲間を
つくるのにふさわしい場です。

　私たちが、スポーツにおけるさ
まざまなシチュエーションでどの
ように振る舞うかを考えるとき、
人生を「いかに生きるか」という視
点で重ね合わせながら物事を考え
る習慣を身につけることが大切で
す。私たちは、スポーツを通して
得られる勝利という結果以上のも
のに目を向ける冷静さを忘れては

ならないのです。

　もちろん、現実逃避の場として
スポーツを愉しむ人もいるでしょ
う。現実社会では必ずしも勝敗が
はっきりしないものですが、はっ
きりと勝敗を競うスポーツは、成
功と失敗が明白で、原因と結果の
因果関係が比較的わかりやすい理
想的なソフトであると考える人も
いるでしょう。

　いずれの立場も、スポーツを日
常の現実生活とは違う隔絶した場
ととらえています。スポーツには
非日常的空間としての価値がある
こともたしかです。

　プロスポーツ興行のようなエン
ターテインメントを考えたときに
は、とくにそういう側面が強くな
ります。そして、スポーツを生業
とするプロフェッショナルなプ
レーヤーにとって、また、プレー
ヤーやチームを応援するファンに
とって、勝利こそが最も大きな価
値になりがちです。

　しかし一方で、スポーツリーグ
全体を俯瞰でとらえれば、見え方
が変わるはずです。一見、競合関
係に思えるライバル球団も、実は
「ゲーム」という商品を生産するた
めの「パートナー企業」であること
に気づきます。対戦相手となる企
業がなくなってしまえば、ファン
も試合を愉しむことができなくな
ります。

　しかし、勝利の数だけ敗北の数
があるのです。試合ごとに必ず敗
北を生み出すスポーツリーグビジ
ネスのシステム上、1チームの勝利
だけにこだわることがいかにナン
センスであるかに気づくことがで
きるでしょう。だからこそ、勝敗
を超えた先にスポーツそのものの
価値を創造することができなけれ
ば、スポーツビジネスは成立し得
ないということになります。

　スポーツはいいものである。

　そして、スポーツにとって最も
大切なことは勝利である。

　スポーツを愛する人ほど、それ
がなぜかと考えを巡らせることな
く信じ込み、目前の勝利ばかりに
とらわれがちになりますが、決し
て盲目的になってはいけません。

　スポーツについて、スポーツマ

ンについて、スポーツマンシップについて真剣に考えてみると、「勝ち」以上の大切な「価値」が見えてくるはずです。

　道徳や倫理などのモラルに関しては唯一無二の正解という行動があるわけではありません。なにか正解を一方的に教え込み、いわれたとおりの行動ができるように洗脳することが必要なのではなく、経験を通して自ら考え、的確な判断力と行動力を養うことではじめて、モラルを身につけることが可能になるという点が重要です。よき人格に基づいて的確に考える力を養うには、よき精神と優れた思考力が不可欠です。

　だからこそ、指導する立場の人間は、プレーヤーたちに単純な従順さを求めるのではなく、よく考える習慣を身につけられるように導くことが大事です。

　スポーツは人格を養う教育的価値をもった場です。そのことが、スポーツが本来もっている気晴らしの要素や、ぞくぞくするような興奮、競い合う喜びといった愉し

さを奪うこともありません。それどころか、自分で自信をもてる自分に育ててくれて、よき仲間に出逢うことができる場であるスポーツのことを、より誇らしく感じることができるはずです。

　真剣な遊び。

　一見両立し得ないような二つの側面こそが、スポーツがもつ価値の本質です。スポーツはその根底で現実生活と深く関わっています。それは、これまでも繰り返し述べているとおり、元々現実社会で役立つ人間を育てるために開発されたソフトだからです。そのことを深く考えながらスポーツと真摯に向き合えば、スポーツが現実社会と重なり合っていることを実感でき、人生に応用できるものとして活用できるはずです。

第4章

尊重とはなにか

尊重は「大切に思う気持ち」のこと。
自分以外の価値や多様性を認めること。

スポーツマンに不可欠な尊重の精神

「尊重(Respect)」とは、大切に思う気持ちのこと。あるものの存在意義や価値を理解しようと努め、それを大切に考えるということです。存在意義や価値を理解するのは、「そうするように決まっているから」とか「守らないと怒られるから」ということではなく、人それぞれが自らその意味を考え、価値を判断した上で、理解し、許容することが重要です。**立場が異なる存在に対して、その価値や多様性を認め、大切にすることが尊重するということなのです。**

前章で紹介した『コーチのためのスポーツモラル』の中には、「スポーツマンシップは、一言でいえば『尊重(Respect)する』ことです。試合の相手を尊重し、審判を尊重し、規則を尊重すること。そうすることで、自分の行うゲームそのものを尊重することになります」と書かれています。

尊重することは、スポーツマンがスポーツをプレーする上で、最も基本的な精神であり、最も重要な能力だといえます。

すばらしい対戦相手を尊重しよう

ゲームは競争です。戦う以上、当然ながら勝者と敗者が生じます。片方が勝てば、必ずもう片方が負けるのです。

一方で競争は、勝利をめざして人間の能力を高めるためにトレーニングし、自らのすばらしさを表現する機会です。ゲームではベストを尽くし、最高のパフォーマンスを発揮しようとします。**自分も相手も勝とうと全力で戦い、相手よりも優れた成果を出そうという互いの努力があって、はじめていいゲームが成立します。**

相手が本気でなければ、こちらも本気で戦うことはできません。こちらが本気で立ち向かわなければ、相手も本気にはなってくれません。本気で強い相手に立ち向かおうとするからこそ、自分も一生懸命に努力するのです。そう考えると、**自らを高める機会を与えてくれた「相手」に対して感謝すべき**であることがわかるはずです。

相手がいなければプレーはできません。ゲームを競う場では相手と敵対関係にありますが、両者はともに**ゲームを愉しみ、価値観を共有するパートナー**でもあるのです。スポーツで対戦するのは決して「敵（Enemy）」ではなく、「相手（Opponent）」であり、**ゲームを愉しむために大切な「仲間」**であることを忘れてはいけません。

ライバルと戦える喜び

スポーツの世界では、ライバルに巡り合えた喜びがよく語られます。

実際に自分が勝利を収めたときの喜びは、相手が優れていればいるほど大きなものになります。勝ったときの自慢話では、相手の力を過

大に語る傾向すらあります。

「こんなにすごい相手だった」

「ものすごく強かったが、このように戦って倒したんだ」

これはまさに、自分が実は優れた相手との対戦を望んでいるということを示しています。強い相手のすばらしさと、それに勝つことの困難さを認めているからこそ、喜びは大きくなります。

「相手ピッチャーが、自分たちの汚いヤジに嫌気がさし、やる気を失ってしまった」

「相手のストライカーが、こちらの悪質なファウルでケガをして、全力でプレーできなくなった」

逆に、たとえばこんなとき、あなたは試合に勝って喜べるでしょうか。強くて全力を尽くせる状態の相手だからこそ、自分たちもやりがいを感じます。倒しがいのある強い相手と戦うということは、勝利するのが難しくなる反面、勝ったときの喜びも大きくなります。うれしさが何倍にもなるのです。

先にご紹介した宮間あや選手は、「サッカーがどんなにうまくても、一生懸命戦ってくれる相手がいなければ、いいゲームにはなりません。一生懸命にやってくれる仲間がいなければいいプレーはできません。すべての人が本気で取り組む姿勢がなければ、いいサッカーは生まれない。だからこそ、相手も含めてすべてのモノを大切にしなくて

はいけないと思っているんです」と語っています。宮間選手の考え方から、私たちが学ぶべきことは多いといえます。

　2019年11月7日にさいたまスーパーアリーナで行われたワールド・ボクシング・スーパー・シリーズ（WBSS）バンタム級決勝は、歴史に残る名勝負となりました。WBA・IBF王者でMONSTER（怪物）の異名で知られる井上尚弥選手と、WBAスーパー王者ノニト・ドネア選手（フィリピン）による一戦。井上選手は右目の上をカットして自身初となる流血、ドネア選手は11回にダウンを喫するなど、二人ともボクシングキャリアの中でも最大級のダメージを受けるような試合展開でしたが、12ラウンドをフルに戦った両雄は、試合終了を知らせるゴングを聞くと、笑顔で抱き合い互いの健闘を称えました。判定を待っている間にも、井上選手が相手コーナーへと歩み寄り、再びドネア選

手と抱擁。互いにリスペクトを示し合いました。

　井上選手は試合後、「めちゃくちゃ強かったです」とドネア選手の実力をあらためて評価しました。一方のドネア選手も、「イノウエはこの試合で真のチャンピオンであることを証明した。今まで戦ってきた中で、あれだけ自分のパンチに耐えられた選手はいなかった。率直におめでとうといいたい」と井上選手に賛辞を送りました。

　こうして互いを認め合う感動的な抱擁シーンとそのコメントは、感動を呼びました。

　すばらしい勝利を得るためには、強くてすばらしい相手に出会うことが必要です。だからこそ、**「すばらしい相手」は尊重すべき存在**なのです。強い相手を尊重し、互いにすばらしさを認め合うことが、スポーツを愉しむためにより重要なことがわかるのではないでしょうか。

チームメイトを尊重しよう

　本書において、尊重する対象として「対戦相手」だけではなく「プレーヤー」と掲げているのは、「チームメイト」も尊重すべき大切な仲間だからです。ゲームにおいて、団体競技ではチームメイトが必要不可欠ですが、個人競技であれば実際にゲームをする際には必要ありません。しかし、団体競技にしても個人競技にしても、チームメイトを

尊重することはスポーツマンにとって重要です。

　まずは団体競技で考えてみましょう。

　ゲームの際、チームメイトは相手に勝利するという同じ目標に向かって力を合わせる仲間です。尊重し、協力し合うことは当然でしょう。相手を尊重するのは簡単なことではないかもしれませんが、チームメイトを尊重することは納得しやすいはずです。

　しかしながら、「レギュラー争い」「ポジション争い」などの場面では、チームメイトも競争相手となります。チームメイトは仲間でありながら、ゲームに向かう過程ではしばしばライバルとなるのです。

　「あいつがケガをすれば、僕が出られるのに」

　「彼女がミスをすれば、私にチャンスが回ってくる」

　そう考えてしまう選手は多いものです。

　「どうしてあの子がレギュラーで、うちの子どもが補欠なのか」

　「あの子がいなければ、うちの子がスタメンになれるのに」

　そう思ってしまう保護者の方もいるかもしれません。

　この点においては個人競技でも同様だといえます。

　しかし、優れた選手が最も身近なチーム内にいて、この選手に競り勝って試合に出たいと努力することは、自らを高めるためのすばらしい機会です。このように、ゲームを愉しむ前の競争ではありますが、試合に出場するメンバー選考の過程でチームメイトが競争相手となる

場合があります。

　レギュラーに選ばれず控え選手になってしまったからといって、その選手選考に対してふてくされてしまう選手は、チームのためになっているでしょうか。選手交代の際、上手にプレーできなかったことが理由で不本意な交代を命じられた場合に、八つ当たりしてしまう選手はどうでしょう。これらは、チームメイトに対して尊重のない失礼な言動です。**出場するチームメイトがプレーしやすいように、激励して戦いの舞台に送り出せる人こそがスポーツマンです。本当のGood Fellowは、チームメイトからも信頼されます。**

　アメリカ・メジャーリーグベースボール(MLB)の中でも、ニューヨーク・ヤンキーズは、100年以上の歴史を誇り、多くの野球選手があこがれる伝統あるチームです。イチロー選手、松井秀喜選手、黒田博樹選手、田中将大選手など、日本が誇る野球界のスーパースターたちもヤンキーズの中心選手として活躍してきました。

　そのヤンキーズのキャプテンとして長きにわたりスター集団をまとめてきたのが、2014年シーズンで引退したデレク・ジーター選手でした。ユーモアにあふれ、チームメイトの誰からも愛される存在です。

　ジーター選手のすばらしさは、どんなときでも野球に対する姿勢や日常の行動が変わらないことです。

「ヒットを打てば逆転という緊張する場面でも、自由に打てる場面でも、打席での表情や一球一球に対する集中力は変わりません。打てないときやミスをしたときに記者から取材を受けても言い訳をしません。つねに周囲の人のことを考え、同じ態度で接します。決して変わらないことにすごさを感じます。だから、仲間から一番頼りにされる存在なのです。選手としても人間としても大変尊敬しています」と、ジーター選手と同い年で親交の深かった松井秀喜選手はそう語っています。試合に負けた日はインタビューに応じない選手も多い中、ジーター選手だけは多くの記者に囲まれながら必ず取材を受けていました。最後の一人の質問が終わるまで絶対に動かなかったそうです。しかし、自分が打って勝った日は、さっさと帰ってしまいます。

　「自分以外に活躍した人に脚光を浴びせてほしい。チーム全員で頑張っているので、みんなのことを書いてもらいたい」

　チームメイトを尊重するジーター選手ならではの言葉であり、そういう彼だからこそ、チームメイトにそしてファンに愛されたのだとわかります。

　2019年に日本で開催されたラグビーワールドカップ。日本代表「Brave Blossoms」がベスト8に進出する活躍もあり、日本中が大いに盛り上がりました。

この大会、日本代表のチームソングとなったのが、映画『耳をすませば』の主題歌「カントリーロード」を替え歌にした「ビクトリーロード」でした。チームコンセプトの「ONE TEAM」をテーマに、ムードメーカーだった山本幸輝選手が中心になって選曲・作詞したといいます。しかし、ワールドカップ登録メンバーは31人。山本選手は大会直前に落選し、大舞台での出場は叶わぬ夢となりました。それでも「今までの自分なら多分、他の選手の活躍が悔しくて見られなかったが、今の日本代表は本当に応援したい気持ちになる」と、山本選手は31人の仲間たちへ思いを託したといいます。

　そして、山本選手はSNSに自身が歌うビクトリーロードを投稿。多くのラグビーファンにも広まることになりました。チームは勝利のたびにこのビクトリーロードを歌い、山本選手をはじめとする試合に出られなかった「ノンメンバー」を含めてONE TEAMとしての結束を

深めていったのです。

　スポーツは一人でできるわけではありません。スポーツの本質を考えれば、対戦相手同様、**すべての場面でチームメイトも尊重すべき対象**だといえるでしょう。

ルールを尊重しよう

　ルールがもつ役割や機能については第7章で詳述しますが、この「ルールを尊重する意義」を理解することが重要です。**ルールがなく無秩序であれば、ゲームを安全に愉しむことは難しくなる**でしょう。

　競技に取り組む上で最大の目的はゲームで勝利を収めることですが、どのようにすると勝利できるのかは、ルールによって決められています。相手がいるから勝利を収めることが可能なように、ルールがあってはじめてプレーが可能になり勝敗が決まるのです。ゲームは、参加するプレーヤー全員が合意する約束事であるルールに基づいてプレーするものです。

　ルールを破り、ズルをしてでも勝ちたいと思うのは、勝利を成立させている条件を否定することであり、勝利の意味がなくなってしまいます。**ルールを尊重せず、アンフェアな行動で有利に立とうとするのは、スポーツの前提を踏みにじること**です。

審判を尊重しよう

　スポーツとスポーツマンシップにとって重要なもの、尊重すべきものの一つが審判です。審判を尊重することについて、今さらそれが正しいかどうかを議論する必要はありません。なぜなら、**スポーツの本質である「ルール」を司るのが審判であり、彼らがジャッジすることがゲームの一部**になっているからです。ルールとそのルールを現実化させる手段がなければ、スポーツをプレーすることは不可能です。その意味で、審判や裁定を下す競技役員は必要不可欠な存在なのです。

　審判は、フィールドで秩序を保つ役割を担っています。

　そのスポーツを心から好きだからこそ審判になろうと決心し、審判になるために努力をしているケースがほとんどです。優れた審判は、優れたプレーヤーと同じように、自分たちの役割を果たそうと努力して円滑にゲームを進めます。プレーヤーに愉しんでもらえるようにゲームを統率しようと努力する審判は、違反者はいないかとアラ探しをしている疑り深い人たちではありません。**審判はゲーム進行のためのルールを司るだけでなく、その競技の伝統、慣習、マナーといった「ルールには明記されていない約束事」をも理解して、プレーヤーとゲームを制御します。**審判はゲーム参加者をルールにしたがわせるために罰則を与えますが、これも、スポーツを愉しむ上で重要な役割です。

真剣に競いながら愉しむスポーツの世界を、プレーヤー個人の勝手な気持ちで壊してしまうような事態を避けるためです。

　審判もゲームの一部です。審判を含む競技役員は、ゲームの趣旨を守る後見人のようなものであり、信頼すべき仲間です。審判という立場を尊重すべきですし、**審判を尊重することはゲームそのものを尊重すること**にもつながります。

　審判を尊重することは、コーチが抗議してはいけないということと同意では決してありません。必要に応じて、判定に対して疑問を呈したり異議を唱えたりすることは可能です。ただし、その際も**審判を尊重し、感情的に口汚くののしったりすることなく冷静に抗議する必要があります。**

　「自分がされたくないと思うようなことを、他人に対してしてはいけない」という原則がここで生きてきます。「あなたが審判の立場だった

らどうか」と考えてください。自分の判定に対して威嚇されたり、怒鳴られたり、侮辱されたり、体に物理的な圧迫を受けたりしたくはないでしょう。自分と対立する意見に向き合うときこそ、相手の立場を理解しようと努めることが大切です。

　審判を評価するときには、その審判がまるでいつも間違いを犯しているかのように、繰り返し否定的な態度をとることは避けるべきです。現代のスポーツでは、VAR（ビデオ・アシスタント・レフェリー）、リクエスト、TMO（テレビジョン・マッチ・オフィシャル）など映像によるリプレー検証が採用され、誤審が実際に明らかになるケースも増えてきました。それでも、審判は基本的に正しく判定しようとしているという前提は変わりませんし、審判に対して肯定的な態度で臨むほうが勝利に向けて試合を戦う上でも有効なはずです。

　審判も完璧な人間ではありません。しかし、公平に判定しようと努力してくれていることも間違いないのです。審判がどちらか一方に偏って判定する可能性よりも、コーチ、プレーヤー、サポーターたちが自分たちの望む結果を得ようとしてひいき目にプレーを見ていることのほうが、実際には多いのではないでしょうか。

　2019年ラグビーワールドカップに選出されたマッチオフィシャル（審判団）のコメントに注目してみましょう。決勝戦でレフェリー（主

審)を務めたジェローム・ガルセス氏は「審判は選手といい関係を築く
こと、ゲームを持続させていくことが大事」といっていますし、アシ
スタントレフェリー(副審)としてこの大会に参加したカール・ディク
ソン氏も「審判にとって重要なことは相手とコミュニケーションをと
ること、そして、相手の立場に立って相手を尊重すること、もちろん
自分自身も試合を愉しむことだ」と述べています。

　Jリーグとbリーグを立ち上げたスポーツビジネス界のレジェンド
で、現在は日本トップリーグ連携機構代表理事会長を務める川淵三郎
氏は、日本サッカー協会公式サイトのコラムページで、かつてこのよ
うに主張していました。

　「私も審判の判定がつねに正しいとは思っていません。人間ですか
ら、間違った判断を下してしまうこともある。選手も同様で、人間が
するスポーツである以上、当然ですよね。だから、面白いと思うんで

す。（中略）

　サッカーではどんな状況でも審判員の判定は絶対です。それが覆ることはない。だからこそ、審判員は、つねに冷静かつ客観的でいなければならないし、選手に注意を促すときや判定を出すとき、言葉遣いや態度に細心の注意を払わなければなりません。つまり、選手をリスペクトし、十分コミュニケーションをとりながらゲームをコントロールするということですね。

　一方の選手も、審判員に敬意を払いつつ、プレーに集中すべきです。そもそもサッカーでは試合中、審判に抗議することは認められていない。それがサッカーだということを肝に命じ、ひたむきに戦いに挑むべきなんです」

　審判はプレーヤーを尊重し、ゲームをコントロールしようと努力する存在です。プレーヤーもそんな審判を尊重するスポーツマンであることが求められるのです。

ゲームを尊重しよう

　スポーツマンが尊重すべき対象の一つが「ゲーム」です。

　「ゲームを尊重せよ」ということは、「相手を尊重せよ」とか「審判を尊重せよ」と比べると具体的でないため、理解することが難しい面も

ありますが、非常に重要な観点です。

　スポーツを愛する者には、単にそのゲームに参加しているだけではなく、勝利を求めて全力でプレーすることが求められます。スポーツには勝つために努力すること以外にも価値ある事柄が存在しますが、「勝つために競う」ことが一生懸命努力する最大のよりどころです。

　勝利とは、基本的に相手を上回ることですが、プレーヤーのレベルや競技によっては、過去の自分の記録を上回り自己ベストを出す、自分に「克つ」ということをめざす場合もあるでしょう。いずれにしても、**ゲームで勝つために努力することが、ゲームを尊重する第一歩**です。

　私たちはスポーツに取り組む際に勝利をめざして努力するわけですが、スポーツマンシップを身につけ、発揮する場である「ゲーム＝試合」に参加すること自体に、大きな意味や価値があります。「どのような結果だったのか」以上に、「いかによく戦ったのか」が問われます。オリンピックでは、メダルをとること以上に、「参加することに意義がある」といわれるのもそういう側面があります。

　ゲームは、公正な条件を整え、互いの勝利をめざして競い合い真剣に愉しむ場であると同時に、自己を発揮する場です。さらに、私たちにとってよりよきものをめざす場、人格を磨く場でもあります。相手、チームメイト、コーチ、審判といった人々を尊重するのは、このようにさまざまな経験を得ることができるゲームを実現してくれる存在だ

からです。愉しみながらプレーヤーを成長させてくれるゲーム自体も、参加する私たちが尊重すべき大切なものなのです。

競い合うからこそ得られる価値

スポーツは単なる遊びではなく、ルールにのっとり「競う」という要素を必要とするゲームです。勝利をめざして競うことこそ、スポーツの本質的な価値の一つです。

しかし、競うことがとくに子どもの教育によくないと指摘する人もいます。運動会の徒競走などで、全員手をつないでゴールさせる学校があるといいます。あるいは、学芸会や演劇会で全員に主役を演じさせるといったケースがあるとも聞きます。勝敗や競争の結果によって子どもたちが精神的なダメージを受けることがないように、競争的側面を弱めようとしているのかもしれません。

しかし、スポーツのすばらしい価値の多くは、勝利をめざして競い合うからこそ得られるものです。

スポーツをすると、必然的に勝者と敗者が生まれます。どのプレーヤーにとっても敗れるのはつらいことです。しかし、落ち込んだままでいても勝てるようになるわけではありません。敗者は、次の勝利に向けて、「敗れた事実をどう認識し、どのようにして改善するか」を学ばなくてはならないのです。自分の弱さを認めるのはつらく、難しい

ことです。だから人は言い訳をします。理屈をつけて責任転嫁し、他の原因を見つけようとします。

「今日は相手がついていた」

「審判がひどかった」

「あのケガさえなかったら」

「天候さえ恵まれていれば」

言い訳はいくらでも出てきます。

しかし、冷静になって考えれば本当の敗因が見つかるはずです。自らの欠落を認めることは明日の成長につながります。

一方で、相手がうまくて強かったのなら、それを認めなければなりません。負けたときに相手のどこがすばらしかったのかを理解することも、自らの成長につながるはずです。ゲームに参加した相手のすばらしかったパフォーマンスを評価し、尊重することも、ゲームを尊重するために必要です。

このように、ゲームを尊重するからこそ、勝利をめざして一生懸命練習します。ゲームの本質を理解し、プレー中に自ら考えるようになります。プレーヤーは不利な状況になってもあきらめずに全力を尽くし、仮に一方的な試合展開になったとしても相手に失礼な態度をとらずにプレーをやり通すのです。自分の思いどおりにならないような苦しい状況になればなるほど、競技とゲームへの尊重が試されます。

ゲームを尊重するといっても、スポーツは芝居とは違いますから、事前に決められた形式的な振る舞いを決められたとおりにしなければいけないという意味ではありません。大切なことは、より本質的な考え方、姿勢、心構えです。**本質的な心構えであるスポーツマンシップを身につけることが大事であり、そうした心構えのもと、自由にプレーを創造することが求められます。**

スポーツを尊重しよう

　スポーツは、真剣に競うことが目的ですが、あくまで遊びにすぎません。スポーツ自体に価値があるといいながら、単なる遊びであり、人生や社会全体の中ではそれほど重要なことではありません。

　勝利をめざして全力を尽くすことが求められますが、遊びだとはいっても、その際にズルをせずフェアに戦うことが求められます。

　スポーツマンシップを理解するということは、スポーツの複雑で逆説的な構造を理解し、全力でフェアに戦いながら寛容さと遊び心を忘れないということでもあるのです。

　スポーツを尊重することは、自分や他人を冷静に評価することにもつながります。

　子どもがスポーツをしていると、すぐにプレーヤー間に優劣があることに気づきます。もちろん指導者はすべての子どもがうまくなるよ

うにコーチするわけですが、それと同時に個々人の間には能力的な差があること、そしてとくに自分と他人とに違いがあることを理解することは意味のあることです。

自信をもつことと同時に、自分を過大評価しないように謙虚さを学んだり、自分になにが欠けているかを客観的に認識しそれを改善したいと思ったりすることも大事な視点です。それによってたとえば、ゲーム中に自分と相手のそれぞれどこが優れていてどこが劣っているのかを見極めることができるようになります。他者をよく分析して自分を客観的に見つめることを積み重ねることによって、自分自身を把握し、自らの長所を伸ばしながら短所を克服することを意識できるようになります。

一方で、子どもは成長段階にあります。発育途上にある子ども同士の体力や技術を比較し、優劣を強調して競争意識を煽りすぎることは、スポーツの愉しみを奪いかねません。

子どもたちへのスポーツの指導で最も重要なことは、競争も含めたスポーツの愉しさを実感させることです。今以上に、子どもたちがスポーツを好きになるかどうかが、指導者の腕の見せどころです。

スポーツは逆説的で複雑なものです。そうした複雑さも含めて理解し、その価値を大切にするということがスポーツを尊重することにつながっていきます。

スポーツマンシップとフェアプレー

　「スポーツマンシップ」と「フェアプレー」は混同されやすい傾向があります。しかし、これらは同じではありません。フェアプレーは、本来、ゲームの中で守るべき「ルールにのっとって公平な条件で正々堂々と戦う」という考え方や態度のことです。

　スポーツはゲームです。すべてのプレーヤーは、いいゲーム（Good Game）を創る義務を負います。参加者全員が全力で戦い、対戦相手より優れた成果を出そうという努力があってはじめて、スポーツマンシップの根源となるGood Gameが成立します。ゲームが成立するために必要となる、プレーヤー（相手、仲間）、ルール、審判……これら、自分以外の多様性に対して許容し感謝する寛容な気持ちこそが尊重の精神です。ゲームをとりまくすべてを尊重し正々堂々と戦う「フェアプレー」の姿勢は、スポーツマンが体現すべき行動規範です。

　ある人がスポーツマンであるかどうかは勝負に負けたときの態度で表面化します。その負けたときに潔く振る舞える人を「Good Loser」と呼ぶことは前述のとおりです。この「負けたとき」にはすでにプレーが終了していますから、正確にいえば、負けたときの態度はフェアプレーかどうかとは関係ありません。**フェアプレーはスポーツマンシップの一部であり、スポーツマンシップは、「フェアプレー」「Good Loser」**

「Good Winner」「Good Fellow」などの概念を包括しているのです。

スポーツの歴史を振り返ってみましょう。

近代になって一部の娯楽がスポーツ化されたものと考えられています。ここでいうスポーツ化とは文明化とほぼ同じ意味であり、その特徴は暴力を抑制することでした。そのためにルールが誕生し、フェアプレーという考え方が採用されたのです。

フェアプレーという考え方は、元々中世ヨーロッパの騎士道にあったとされています。1対1の正々堂々とした戦いを意味しており、同じ条件で戦うという意味ではなく、**相手の不利につけこまないこと**だったといわれています。

現在のように、ルールにのっとって同じ条件で戦うことが重要になったのは、スポーツにおいてルールが定められるようになった後のことで、それはスポーツが単なる気晴らしの遊びから勝利を求めるものに変化していったことと関係しています。

フェアプレーの概念は、19世紀のヴィクトリア朝時代のイングランドで形成されたといわれています。それ以前の富裕層は、スポーツを一つのレジャー（気晴らし）の手段とみなしていて、勝つことを全く重視していなかったようです。スポーツには気晴らしを得るという目的しかなく、人前で勝敗について語ったり、ほめ称えたりすることは不適当だと考えられていました。ゲームに参加すること自体が大事で、結果はとるに足らないことだったのです。

　ですから、「紳士は反則を犯さない」という前提でゲームが行われていたといいます。また、ゲームに参加する者にとって、プレーする際の条件がフェア（公平）かどうかもそれほど重要ではありませんでした。たとえば、当時のフットボールでは、両チームの人数が違うことも当たり前だったようです。

　19世紀前半、イングランドのパブリックスクールでボールを蹴り合うフットボールというゲーム（サッカーの原型）が流行しました。当時の目的はゲームを愉しむことというよりも、むしろ勇気や荒々しさを競うものでした。そのころのルールの中には「靴の先に鉄などの金属を仕込んではいけない」というものがあります。これは、金属で蹴ると相手が大変なケガをするからですが、当時のフットボールでは相手を蹴ってもいいことになっていたことがわかりますし、相手を殴ったり手でつかんで投げ飛ばすことも許されていたようです。

　そのような時代に、パブリックスクールの一つ、ラグビー校のトマ
ス・アーノルド校長は「スポーツは紳士（ジェントルマン）を育てる場」に
ふさわしいと考えました。実際には、ケガが多く、上級生が下級生を
いじめる場にもなっていたことから、「手を使ってはいけない」「相手
を蹴ってはいけない」などのルールを創り、フットボールを野蛮なも
のから立派な振る舞いを身につけるための教育的なものに変えてい
きました。これをきっかけに、**弱い者いじめをせず、立派に振る舞い、
フェアプレーを貫くことがスポーツである**という考えが生まれ広まっ
ていきました。

　現在では、勝利をめざしてプレーする上で、ルールにのっとって
フェアに戦うことが求められます。**双方の条件を公平にするという思想
を反映したルールをはじめ、ゲームをとりまくプレーヤーや審判も含め**

て尊重するフェアプレーの精神が重要視されるようになりました。

　その後、単なる娯楽だった遊びが近代的スポーツに変容していく過程で、騎士道にも通じるフェアプレーという暗黙のルールが守られなくなっていきます。ルールにしたがい、フェアプレー精神に基づいてプレーする願望よりも、どんなことをしてでも勝ちたいという勝利へのむき出しの欲望が一般的になっていったのです。

　さらに二つの重要な出来事がこの流れを決定的にします。

　第一に、スポーツそのものの社会的な価値が増したことであり、第二にスポーツイベントがメディアに大きくとり上げられようになったことでした。

　とくにラジオやテレビといったメディアがとり上げるエンターテインメントとして需要が高まったことで、商業化、プロ化、ゲームのマーケティング化という流れが大きく加速しました。スポーツで成功を収める欲求が高まるとともに、結果としてそこから生じるプレッシャーも増幅していくことになります。

　プレーヤーに、伝統的な意味でのフェアプレーの理解を求めることは困難となっていきました。成功を求めてプレーすればするほど、フェアプレーの精神は「ひどくないファウル」という考え方に置き換えられるようになっていきます。ファウルをとられない、とられたとしてもひどくない、ケガはさせない程度、とフェアの基準は変化していき、

「スポーツは結果がすべて」と考えられるようになっていったのです。

　このように振り返ると、「ルールにのっとって公平な条件で正々堂々と戦う」というフェアプレーの実践は難しくなりつつあることがわかります。打つ手としては、悪質なファウルに対するペナルティーをもっと厳しくするのも一案です。ルール違反に対して、実効性のある厳罰を科すという策です。

　しかしそれ以上に、**フェアにプレーする意義と価値を説明し、フェアプレーを広く普及させることがもっと本質的で大切**だと考えます。とくに若年層に対する教育は重要です。フェアプレーは自然に醸成されるものではないので、意図的に指導し、日々の練習時から繰り返し実践するように心がけることが必要ではないでしょうか。

　相手やルールや審判を尊重せずに、だましたり、ズルをしたりすることは、参加者全員を尊重していないことになり、結果的に自分が参加している競技そのものを尊重しないことを意味します。

　ゲームを尊重するならば、勝つためになんでもするというのではなく、ルールの範囲から逸脱することなく全力を尽くすべきであるということです。「プレーヤー（相手・チームメイト）」「ルール」「審判」を尊重し全力を尽くすというフェアプレーの精神は、スポーツマンシップの中核を担う重要な要素です。

尊重か、尊敬か

　英語の「Respect」の日本語訳には「尊重」「敬意」「尊敬」などの意味があります。スポーツマンシップにおける「Respect」は、その中でも「尊重（敬意）」という意味で用いられます。

　尊重・敬意と尊敬には、リスペクトし合う互いの関係において上下の差があるか、そして一方向か双方向か、の違いがあります。尊敬は、師弟や上司と部下のように上下関係の中で目下の者が目上の者に対して一方的に敬うことで成立します。一方、**尊重や敬意の関係は、上下のないフラットな立場でお互いが大切に思い合う関係**です。

　プレーヤーと監督・コーチ・指導者の関係は、本来上下関係があるものではなく、勝利をめざして高めるためにともに戦うパートナーであり、仲間のはずです。

　「俺のいうことを聞いていれば勝たせてやる！」

　「負けたくなければ、指示どおりにしろ！」

　「なぜ、お前は私のいうことがわからないんだ！」

　たとえここまで大げさではないにしろ、上意下達の考えのもとで自分の意見をプレーヤーに押しつけようとする指導者は、プレーヤーを尊重しているとはいえません。**プレーヤーの勝利や成長をめざし、プレーヤー一人ひとりと指導者が同じ方向を向きながら、お互いの意思を**

確認し合い、意見交換し、切磋琢磨し、大切に思い合う関係こそ、真に尊重し合う関係といえるでしょう。

近年は、「プレーヤーズファースト」「アスリートファースト」などという言葉が使われますが、これについては少し気をつけなければいけないと思います。スポーツを愉しむ主役がプレーヤーであるという一方で、プレーヤーの存在が軽く扱われることが多いのでこういう言葉が用いられるのかもしれませんが、決してプレーヤーだけが偉いわけではありません。誰かが特別なわけではなく、プレーヤーもルールも審判も、スポーツやゲームをとりまくすべての存在が、本来、対等な立場で尊重し合う関係が理想的なはずです。○○ファーストではなく、関わる誰もが対等に愉しめる環境づくりをめざすことが重要です。

これはスポーツに限った話ではないでしょう。

自信をもつことも大切ですし、一方で、自らをも疑い、成長をめざして学び続ける謙虚さも大切です。一見相容れないようですが、こうした双方の要素を併せもつ意識が必要だと思います。

権力や権威が高まれば高まるほど、周囲はその権力者の気持ちを推しはかり、気兼ねして、いわゆる忖度をしがちです。権力者に限らず、指導者、監督、コーチ、教師など相対的に強い立場になればなるほど、自分が裸の王様のような人間になっていないかどうかを疑い、自己を客観視しようとする謙虚さが求められます。

エンパシーの重要性

　自分とは対立する意見に向き合うときに、守るべき重要な原則があります。それは、「（対立意見を述べる）相手の立場を理解しよう」ということです。相手がどうしてそういう考えに至ったのか、どのような立場で考えているのかを把握しようと努め、相手の考えをできる限り客観的に評価し、認めることが必要です。

　これこそが尊重です。尊重することで、冷静で公平な対応が可能になります。

　スポーツにおける対戦相手は、自分たちを「倒してやろう」と向かってくる人です。これは、究極の対立関係、自分から最も遠い位置にいる存在といえるでしょう。街中にみなさんを「倒してやろう」という人がたくさんいたら、怖いことですよね。

　一方で、スポーツの試合に臨めば、このようにみなさんを負かしてやろうという相手ばかりが立ち向かってきます。しかし、この相手がいなければ私たちはスポーツを愉しむことができません。**究極に自分から遠い存在である対戦相手をも、スポーツを愉しむための大切な仲間として尊重できなければ、スポーツマンとは呼べないのです。**

　これは審判に対しても同様です。

　自分たちに不利な判定を下された場合は、一見対立関係が生じてい

るように感じてしまいがちです。しかし、ほとんどの場合、審判もどちらかのチームを一方的に陥れようとしているわけではありません。**一生懸命にゲームを統制しようとしている審判の立場を理解することもスポーツマンにとって重要な資質です。**

こうした**わかり合えない**他人を**尊重する**精神を示す言葉が、「エンパシー(empathy)」です。日本語に直すと「エンパシー」も「シンパシー」も同じ「共感」となりますが、エンパシーには「同意できない人に対する理解」という意味があります。

東西冷戦の終了後、イデオロギーによる対立に替わって、宗教や文明の対立が浮上しました。キリスト教文明とイスラム教文明との対立は、2001年9月11日に起きたニューヨーク・世界貿易センタービルの航空機による破壊テロという悲惨な事件、いわゆる「9.11」へと発展しました。この二者が同意できる可能性は極めて低いといわざるを得ません。したがって、意見や思想が異なる者同士が地球上で共存する方法が必要になりました。そして、だからこそ同意できない人間・文化・価値観を理解し許容するエンパシー能力の開発が必要とされているのです。

これはスポーツマンに求められる尊重の精神に極めて近いものです。スポーツは、エンパシー能力を身につける場としても非常に有効であることに気づくはずです。

ノーサイドの精神

2019年ラグビーワールドカップ(RWC2019)は日本で開催されました。日本代表「Brave Blossoms」が次々に強豪を撃破してグループリーグを全勝で勝ち進み、国民の大きな関心事となりました。

そのラグビーでは、試合終了を「ノーサイド(No Side)」と呼ぶことがあります。ユーミンこと松任谷由実さんの歌にも『ノーサイド』というタイトルの曲があり、ラグビーをよく知らない方でも聞いたことのあるフレーズかもしれません。

日本では、試合終了を告げるレフェリーのホイッスルと同時に、自分たちと相手とのサイド(側)がなくなり、それ以後、プレーヤー全員がよき仲間として友情を育む時間を迎えるというように理解されています。ラグビーの試合に限らず、対立していた両者が和解する際に使われることもあります。

「ノーサイド」という言葉を、単なる試合終了とだけとらえるのではなく、対戦相手を尊重し健闘を称え合う概念として大切にするのは、実は現在では日本独自の文化となっています。

ラグビーのゲームで試合終了を示す単語として最も一般的に使われるのは、「フルタイム(Full Time)」であり、ノーサイドという言葉を聞いたことがないという海外の選手も実際にいるようです。

しかし、ニュージーランドのテレビキャスターであるキース・クインの著書『THE ENCYCLOPEDIA OF WORLD RUGBY』(Keith Quinn. 1991 Shoal Bay Press, New Zealand)の中には、ノーサイドについての記載があります。

NO SIDE

A somewhat archaic term,

meaning the end of the match. It first came as a reply to the question asked at every scrum or lineout as to which side would have the ball to resume play. If the referee said "no side!" he was really saying "no side will put the ball in (because it is the end of the game)."

『試合終了を意味する古風な用語。はじめは、スクラムやラインアウトで試合を再開する際に、どちら側がボールを保持している側かの質問に対する答えとしてできた。レフェリーが「ノーサイド！」といったのであれば、「どちらもボールを入れない（なぜなら試合が終わったから）」と彼はいっていたのだ』

また、1967年11月4日にイングランドのトゥイッケナムで行われたイングランド代表とニュージーランド代表によるゲームの中継でも、試合終了時に実況アナウンサーが「No Side」といっている映像が残っています。

このように、かつてはイングラ

ンドやニュージーランドなどでも試合終了時に「ノーサイド」という言葉が使われていました。元々、「フルタイム」同様、単なる試合終了を意味していたに過ぎなかったようです。

一方で、日本におけるノーサイドの精神は、試合終了後に味方と相手の区別なく健闘を称えることと考えられています。RWC2019をご覧になった方はお気づきかもしれませんが、サッカーなどとは異なり、世界のラグビーシーンでは観客席で対戦チームのファンが隣同士に座って試合を見るのは当たり前の光景です。その意味では、ラグビーではそもそも試合前からファンたちがノーサイドを実現しているといっても過言ではないのかもしれません。

RWC2019での日本代表の大躍進は私たちに熱狂と興奮を与えてくれました。

しかし一方で、残念なシーンもありました。南アフリカ代表「Springboks」とイングランド代表「Red Rose」による決勝戦では32

－12で南アフリカが勝利し、優勝を果たしましたが、試合後の表彰式で、準優勝に終わったイングランド代表選手・関係者が、プレゼンターがメダルを首にかけようとするのを拒否したり、首にかけたメダルを直後に外したりしたのです。「Good Loser」として振る舞えるかは真のスポーツマンかどうかが問われる瞬間。優勝をめざしてきたゆえの悔しさも理解できますが、ラグビー発祥の地でありスポーツの母国でもあるイングランド代表が見せた立ち居振る舞いを非常に残念に感じたのは事実です。

　一方で、心温まるノーサイドのシーンも数多く見ることができました。

　試合終了後のプレーヤーたちが花道をつくり、互いに拍手をしてグラウンドから送り出すシーンも数多く見られました。国を越えて相手選手と健闘を称え合うその姿に、大きな感動をもらった人も多いと思います。

　釜石鵜住居復興スタジアムで開催されるはずだったナミビア対カナダの試合は、残念ながら台風の影響で中止となり、両国は大会未勝利のまま日本を去ることになってしまいましたが、試合中止後に見せた両国代表チームの振る舞いをRWC2019大会公式twitterが伝えると、大きな話題となりました。ナミビア代表チームの選手たちは滞在先の岩手県宮古市で、「台風の被害を受けた市民を元気づけたい」と市に打診しファン交流会を開催。また、カナダ代表チームの選手たちは被災した釜石に残り、台風の被害を受けた住宅街で、路上の土砂をスコップでかき出しポリ袋に詰めて清掃するなど、ボランティア活動に参加して汗を流したのです。

　彼らをはじめ、ラガーマンたちの誠意と思いやりあふれる行動の数々は、日本ラグビー界が大切にするノーサイドの精神を具現化するかのように感じました。互いを尊重し合う心が詰まったすばらしい言葉、ノーサイド。日本発祥ともいわれるその精神はぜひ大切にしていきたいものです。

第5章

勇気とはなにか

勇気は「困難や危険を恐れない気持ち」のこと。
スポーツマンには、行動・挑戦する勇気が不可欠。

スポーツマンに求められる「勇気」

　スポーツマンには、自主性と判断力が求められると先に述べました。しかしながら、勝利をめざして戦う過程では、さまざまな困難が立ちはだかります。強い相手を前に立ち向かうこと、自ら考え決断し責任を負って実行することは、さまざまな危険、恐怖、リスクがつきまとうため、口でいうほど簡単なことではありません。

　「負けたらどうしよう」

　「失敗したらどうしよう」

　「恥をかいたらどうしよう」

　私たちの心の中には、つねにそうした弱い心が芽生えやすいものです。決断し実行するには、選択した本人の責任が問われる側面があるからです。しかし、失敗を恐れるがあまりに、消極的になってしまっ

ていたのでは、自らの成長が妨げられるばかりではなく、結果的に成功や勝利の可能性も奪われていくことになります。

　相手を尊重し、スポーツマンらしく振る舞うべきであると頭ではわかっていても、屈強な相手やズルをする相手を目の前にすれば、そのような余裕はなくなりがちです。それでも対戦相手やさまざまな困難にも立ち向かい挑戦し続ける気持ちをもって恐れることなく戦うことが求められます。このように、**困難や危険を恐れない気持ち、いさましい意気が「勇気」**です。

行動することの重要性

　スポーツマンに求められる要素として大切なことの中に、「自ら考える」「自ら行動する」習慣を身につけることがあります。

　自分の行動を具現化するために、自己客観化することが必要になります。自分について客観的に考える努力をするうちに、他人や社会についても客観的に判断できるようになります。その結果、他人や社会を認め、尊重することにつながっていきます。

　スポーツで競うことは、これらを身につける有効な場なのです。

　スポーツマンは、単にルールを守り、型にはまった期待される行儀のよさを備えた人ということではなく、「どのようにしたらかっこいい人になれるか」を自分なりに考え実行した上で、他人から「信頼できてかっこ

いい」と認められる人です。

　スポーツマンシップは、人格を身につけるための心構えであり、美徳ともいえることです。美徳とは、心の奥深くに染み込む行動習慣の一つです。行動を繰り返す修練によってはじめて身につき、習慣になります。美徳や倫理は、極めて行動的なものです。「なにが正しいか」を知っている、わかっている、思っているだけではなく、その考えを行動に移し、実践されてはじめて倫理となります。

　ギリシアの哲学者として名高いアリストテレスは、「道徳は技術に似ている。どちらも実践を通して身につけるものだ」と述べています。教育を通して、いくら道徳的な知識を詰め込んでも、実践しないのであれば意味はありません。

　孔子の書とされる儒教の経典『論語』の中にも、「義を見てせざるは勇なきなり」という有名な言葉があります。「すべき（＝義）」だとわかっていても、それを行動に移さなければ、「勇（気）」はないのと同じということです。

　タバコのポイ捨てがいけないことは、誰もが知っています。しかしあなたは、捨てられた吸い殻を見てどんな行動をとりますか。ポイ捨てがいけないことを知っているのと、実際に捨てられた吸い殻を拾ってごみ箱に捨てるという行為の間には大きな隔たりがあることがわかるはずです。

電車の中で、お年寄りや体の不自由な方に席を譲ったほうがいい。これは誰もが知っていることです。しかし、いざ行動しようとなると、「誰か、席を立ってくれないかな」と周囲に期待したり、寝たフリをしてしまったりしてしまう。そんな心当たりはないでしょうか。

　授業や講演を聞いているときに、「なにか質問はありませんか？」と聞かれたときに、大勢の前で挙手をするのをためらってしまう。そんな経験もあるでしょう。

　しかしながら、挙手をすることを繰り返して、クセのように習慣化されると、それほど大きな勇気は不要になります。こうなれば、「質問の内容」を考えることに集中できるようになります。

行動してこその道徳です。**理解しているだけでなく、実践してこそのスポーツマンシップだといえるのです。**頭で考えるだけでなく、実際に行動することは決して簡単ではありません。勇気が必要です。

しかし、心の中で「思っている」だけではスポーツマンらしさは伝わりません。**スポーツマンには、行動する勇気が不可欠なのです。**

成長や創造は挑戦から生まれる

リスクを回避するマネジメントの視点に立てば、物事に対して慎重に対応することも大事です。したがって、「前例がないから」という理由で新たなチャレンジを許されないケースもよく見られます。

しかしながら、**創造やイノベーションは、前例がないところにしか生まれません。**誰もなし遂げていないことに対して、リスクを恐れず挑戦することではじめて、時代は切り拓かれるのです。

成功する保証はありません。それでも、挑戦しなければ創造できません。創造をめざして挑戦した結果、たとえ失敗したとしてもその失敗を分析することで成功へ近づく一歩となります。失敗は成功の母というわけです。

一方、チャレンジから逃避することで、結果的に現状維持はできるかもしれませんが、後になって「あのときチャレンジしておけば」という後悔の念が残ってしまうケースもあります。もちろん成功していた

保証はないのですが、「もしかしたら成功していたかもしれない」という思いや、ともすると「失敗したってよかったのに」という心残りを抱くこともあるでしょう。

　ちなみに、人が最も後悔し苦しむのは、義務や責任に関してではなく、「理想の自己として生きることができなかった後悔」だというアメリカ・コーネル大学の心理学者トーマス・ギロヴィッチ（Thomas Gilovich）教授らによる研究結果もあります。

　つまり、死ぬ前に人が最も後悔するのは「挑戦しなかったこと」というわけです。**挑戦しなかったことが、私たちが後悔する源になりかねないのです。**

　今でこそ、メジャーリーグベースボール（MLB）に挑戦する日本人プレーヤーを見ても驚くことはなくなりましたし、若いプレーヤーが「将来はMLBでプレーしたい」と夢を抱くことは珍しくなくなったかもしれません。しかし、1995年に野茂英雄選手がロサンゼルス・ドジャーズとマイナー契約を結び、日本からアメリカに渡った頃は日本人選手がMLBで通用するかどうかは疑問視されていました。そんな中、野茂選手は不安視する周囲の声を払拭するかのように、村上雅則選手以来31年ぶり2人目の日本人メジャーリーガー昇格を果たすと、以後12シーズンに渡ってMLBで活躍。2度のノーヒットノーランを

達成するなど123勝を挙げ、日本人メジャーリーガーのパイオニア的存在として、大きな功績を残しました。

　野茂選手は、「挑戦すれば、成功もあれば失敗もあります。でも挑戦せずして成功はありません。何度もいいますが挑戦しないことには始まらないのです」という言葉を残しています。

　後悔しないためにも、挑戦する勇気をもつことが重要です。スポーツは、挑戦する勇気の大切さを実感しながら体験的に学ぶ場としても非常に有効です。

個性を生かす

「みんながやっていることだから……」

「誰かがいってくれればいいのに……」

私たちはついそのように考えがちです。

　他人と同じだからと安心するのではなく、自ら考え決断し、勇気を出して行動できるスポーツマンをめざすべきです。もし、他人と同じで安心しているあなたがいるのだとすれば、そもそも本当にあなたである必要があるでしょうか。

　また、同時に自分たちとは違うという理由で、他人を仲間外れにしたり、いじめたりすることも恥ずかしいことです。

義足のジャンパーとして知られる山本篤選手は、2008年北京パラリンピックで、日本の義足陸上競技選手として初となる走り幅跳びでの銀メダルを獲得すると、2013年IPC陸上競技世界選手権大会で金メダル、2016年リオデジャネイロパラリンピックでは走り幅跳びで銀メダル、400メートルリレーで銅メダルを獲得しました。2017年からはプロアスリートとして活動を開始、スノーボード日本代表選手として2018年平昌パラリンピックにも出場を果たしました。

　山本選手は、事故で左脚を切断しなければならないと知ったときの気持ちを聞かれ、「脚がなくなったら何もできなくなる、というイメージはもっていなかった。むしろ、脚がなくなってもスノボはしたいな、っていうことを考えていました」と話しています。

　また、片腕のサーファー、ベサニー・ハミルトン選手からも学ぶべきことがあります。ハミルトン選手は、8歳のときに初出場したコンテストで優勝を飾ると、その後も次々と優勝を重ね、一躍期待の若手プロサーファーとなりました。そんな彼女が13歳のときでした。波待ちをしていたところ、全長4.5メートルの巨大サメが彼女の左腕を食いちぎったのです。プロサーファーになるという夢は絶望的に思われましたが、家族に支えられ、あきらめることなく練習を続けた彼女は、片腕がないハンデを乗り越え、ついにコンテストで結果を残すま

でに復活したのです。恐ろしい事故があった海で、もう一度波に乗ろうとすることは相当な勇気が必要だったはずです。

「勇気、犠牲、決意、情熱、タフさ、ハート、才能、そしてガッツ。小さな女の子はこういうものでできている」という彼女の言葉からは、勇気や強い決意、情熱があれば辛いことがあっても乗り越えられるというメッセージを感じます。もし仮に悲しい状況に陥ったときでも、他人と比較してできないことを嘆くのではなく、個性として受け入れ、これからできることに対して目を向けるポジティブさ。障害者アスリートからも学ぶことはたくさんあります。

　そもそも**自分と同じ人は一人もいません。他人と違うことはすべて個性であり、誇るべきこと**です。他人と違うことを恐れず、自分と違うことを妬まず、自らの意見や行動に自信をもてるように、オンリーワ

ンの個性として磨いていくことも大切です。

勇気を発揮するための尊重

物事は、ただ闇雲に挑戦すれば成功するわけではありません。チャレンジする際に、相手についてもよく理解し、分析して挑むことが重要です。**勇気を発揮するためにも、関わる人々や周囲の環境を尊重することが求められます。**

監督、コーチ、先生など、目上の人が間違っていると感じたときに、自分の意見を伝えることも大切なことです。発信者と受信者の間で対等な尊重関係が築けていれば望ましいことですが、普通は少なからず上下関係があることが想定されます。

こういうケースでは、いっていることが正論かどうかはもちろん重要ですが、それ以上に相手に聞いてもらえるかどうかが最大のポイントです。聞いてもらう環境を整えるためにも、伝える相手に対する尊重の精神は欠かすことができません。

「私がこのようないい方をしたら生意気に聞こえてしまうかもしれませんが……」

「私のことを考えていただいているからこそだということは感謝していますが……」

このように、謙虚な姿勢や感謝の気持ちを示すなど、**相手への尊**

重、敬意を明らかにした上で自分の意見を伝えるようにすることで、伝えたいことが伝わる確率は上がるはずです。

　2018年5月6日、大学アメリカンフットボールにおける名門校同士の定期戦「日本大学対関西学院大学」で起きた悪質なタックルによる反則行為が、大きな話題となり波紋を呼びました。パスを投げ終えた約2秒後、完全に無防備な状態にあった関学大のクォーターバックに、日大ディフェンスラインの選手が背後から見舞った激しいタックルは「ひどいパーソナルファウル」と判定されました。

　その後も、日大選手は出場し続け、その2プレー後および4プレー後にも立て続けにパーソナルファウルを犯し資格没収（退場）となります。一方、タックルを受けた関学大の選手は全治3週間のケガを負い途中交代を余儀なくされたというものでした。

　関学大・鳥内秀晃監督は、「あのプレーは非常に悪質。それを認める

とスポーツではなくなってしまう」と憤りました。また、鈴木大地スポーツ庁長官も「危険なプレーを容認するわけにはいかない。なぜ、そのプレーに至ったか探ることが必要だ」と危機感を募らせました。日大・内田正人監督(当時)は「すべての責任は自分にある」と述べ、辞任することとなりました。

　反則を犯した日大ディフェンスラインの選手は記者会見を開き、監督やコーチからの指示でやらざるを得ない状況に追い込まれていたことを明らかにした上で、「たとえ監督やコーチに指示されたとしても、私自身がやらないという判断をできずに、指示にしたがって反則行為をしてしまったことが原因であり、その結果、相手選手に卑劣な行為でケガを負わせてしまったことについて、退場になった後から今まで、思い悩み、反省してきました。そして、事実を明らかにすることが償いの第一歩だと決意して、この陳述書を書きました。相手選手、そのご家族、関西学院大学アメリカンフットボール部はもちろん、私の行為によって大きなご迷惑をお掛けした関係者のみなさまに、あらためて深くお詫び申し上げます」と述べました。

　当事者の話が食い違う部分もあり、真相はわかりません。こうした事件を引き起こした首脳陣の責任はなによりも重大です。一方で、彼も認めるように、監督やコーチに指示されたとしても自分自身でやらないことを判断し、断る勇気が必要だったこともたしかです。

もちろん、試合に出場したい気持ちや、そこで活躍したい気持ち、勝利に貢献したい気持ちはスポーツをやっている人なら誰もが共感できるでしょう。だからこそ、簡単なことではないのです。しかしそれでも、チームを大切に思えばこそ、そのスポーツを尊重していればこそ、このような悲しい方向に進んではいけなかったと感じます。

　これもスポーツに限った話ではありません。

　昨今、企業などにおける不正事件が露見し、ニュースで取り沙汰されています。ルールやモラルに反する悪いことと知りながら事実を隠すのは、自分自身に嘘をつくことでもあります。不正を命じた経営者の責任が重いことはもちろんですが、命じられて隠蔽した社員の側にも少なからず責任があります。「こういうことはやめましょう」と発言する勇気があれば防げたことかもしれません。

　こういう場合にも、伝えるためのコミュニケーション自体は難しい問題です。勇気を発揮して意見を伝えるためにも、その相手を最大限尊重しながら、周囲のことも尊重した上で、自らがベストと感じる意見を丁寧に伝えることが大切です。チャレンジの質を上げるためには、勇気だけではなく、尊重の精神も欠かせないのです。

　一方で、受け入れる側の度量も重要です。

　ひょっとすると自分にとっては耳の痛いことかもしれませんが、相

手が勇気をもって発言してくれているのは、互いを、チームをいい方向に向かわせようとしているからこそ、という前提でとらえれば、自分にとっても成長するチャンスだと理解できるはずです。

　子ども、プレーヤー、部下、社員の思いを受け入れ、いかにして言葉に耳を傾けられるか。丁寧に向き合うことができるか。それはまさに、大人、指導者、上司、経営者が、立場の低い者に対して尊重できているかどうかを問われる場面です。

　決して簡単なことではありません。「目上の人にいわれたこと、先輩にいわれたこと、指導者にいわれたことにはしたがうもの」という上意下達で忖度する文化が強すぎることも影響しているでしょう。先人を大切にすることはもちろん大切です。だからこそ、立場が下の人間が上の人間に対して意見するには勇気が必要なのです。

　それでも、互いが尊重し合っていい人間関係を構築するためには、上下関係を超えて互いが同じレベルで相手と向き合うことが大切です。**立場が上の者が視線を下げ、立場が下の者からの勇気ある行動を尊重し、行動を理解し、言葉を丁寧に聞き、傾聴することができるかどうか。**立場が下の人間の勇気と、立場が上の人間の度量がセットで必要です。それこそが互いの対等な尊重関係を実現する唯一の方法です。

愛と勇気がチームを救う

いじめ、引きこもり、DV、ハラスメント、体罰、偽装……など、現代社会には数多くの問題が存在します。アスリートによる不祥事、スポーツの組織におけるガバナンスやコンプライアンスの問題がメディアでとり上げられることは少なくありませんし、こうした問題はスポーツ界に限らず、大手有名企業をはじめ、政治家、官僚などの不祥事や不正事件が露見し、日本のメディアでは連日のように報道されています。

それぞれの問題に対して個別に対応すべきですが、同時にこれらに共通する問題もあります。共通する問題には、共通する解決方法や対処できる能力もあるはずです。

また、「不測・不慮の事態」が発生するリスクもつねに存在します。それは、「9.11」のアメリカ同時多発テロや、「3.11」の東日本大震災から得た私たちの最大の教訓です。自然災害というリスクに対処するには、建物や堤防などの施設はもちろん、災害時を想定した法律や制度の整備も必要でしょう。しかし、これらの整備をすれば万全というわけではありません。

企業の社会的責任(CSR)という言葉がよく使われますが、これは企業が事業活動を通じて、自主的に社会に貢献する責任のことです。たとえば、品質に全く問題のない優れた商品やサービスを世に出すことは社会的責任の一つです。その本質を理解せず、不良品の製造・販売や不誠実なサービスを提供してでも利益を上げたほうがいいと考え、企業の利益ばかりを追求することは、こうした不正や不祥事を招く原因になりかねません。

もっといえば、不正に対して抵抗した場合、その企業における自らの立場はどうなるのか、毎月給料がもらえる安定した生活が失われてしまうのではないのか、と考えると正義ばかりを求めて行動することも容易ではなくなります。

　加えて、日本の大企業などを対象にした学生の就職活動は、長期雇用を前提とした新卒一括採用で行われることが一般的ですが、こうした仕組みの先で、企業側も社員による一体感を求めるような組織運営になりがちです。結果的に、組織全体が誠実さよりも利益だけを求める体質になってしまうこともあるでしょう。

　しかし、問題や不祥事を起こした場合、法律などのルールによる罰則として制裁を受けるだけでなく、インターネットが普及した現在ではまたたく間に世間の知るところとなり、社会的制裁を受けることにもつながります。

　SNSを通じて情報がさらに拡散されて炎上すれば、ファン離れや消費者による不買運動が起こった

り、ブランド毀損や株価暴落につながったりするなど、計り知れない経営的損害を受けることも珍しくありません。

　そうとわかっていながらも、不祥事はなくなりません。一人ひとりが自らの保身や私利私欲を得ようとして行動した積み重ねが、結果的にチームを悪い方向に導いてしまったり、悪い方向に進んでいるチームを止められなかったりしてしまうことも多いものです。

　これは勝利という欲望を追い求めるあまり、「スポーツは勝たなければならないもの」ということに固執し、自分たちを正当化しながらスポーツマンシップを実践しないプレーヤーやチームと似ているのではないでしょうか。

　一つの原因は、日本社会で散見される「周囲と同じであることによって安心しがち」な文化かもしれません。

　たとえば、大学生たちはよくこんな会話をしています。

　「おまえ、次の時間って授業出る？」

「今日は、かったるいからやめようかな」

「ほんと？　じゃあ、僕も今日は授業出るのをやめとくわ」

自分が授業に出るかどうかは、自分自身で決める問題であることは明らかです。自分自身が決断すべき場面で、他人の判断に委ねてしまったり、他人の意見に流されてしまったりすることは無責任であり、自分自身に対しても誠実さを欠く行動です。

勝利をめざすだけでなく、スポーツマンらしく振る舞うこと。利益のみを追求するのではなく、他人や社会と誠実に向き合うこと。

自分で自分の胸に手を当てて「自分を誇りに思えるか」「子どもに説明して自慢できるか」などと考えてみれば、自分がどのように行動すべきかが、あらためて見えてくるはずです。

チームワークに対する思いがあるからこそ、チームに対して、上司に対して、トップに対して誠実に意見する。当然のことではありますが、簡単なことではありませ

ん。そのためには、大いなる勇気が必要です。

一方で、自分が上の立場にあるのであれば、逆の視点で考えてみることも必要です。

自らの強い立場や権利を元に、立場が下の仲間たちに対して忖度させていないでしょうか。指導している対象の子どもたちや部下たちが、自分やその周りに対して勇気をもって発言したり、行動したりしやすい風通しのいい環境を整えられているでしょうか。

立場が下の人間の勇気と、立場が上の人間の度量がセットで必要になるといいました。このことを理解していても、対等な尊重関係を実現することは、言葉でいうほど簡単ではありません。

しかしながら、こうしたことに対して尽力するのも、自分を大切に、チームを大切に思えばこそ。大いなる愛が、勇気を育みます。その愛と勇気が、チームを、ひいては自らを救うのです。

第6章

覚悟とはなにか

覚悟は「勝利をめざして全力を尽くす気持ち」のこと。
困難や苦しみを受け入れ、あきらめずに愉しみ抜くこと。

スポーツに挑む覚悟

スポーツはGood Gameをめざして自らプレーする身体活動です。ゲームで勝利するために、プレーヤーはベストを尽くし、自ら愉しむことが求められます。

自ら愉しもうと決めたからには自ら徹底的に愉しむことが必要です。勝利してうれしいときもあれば、敗北してつらいときもあります。スポーツとはそういうものなのです。

勝利をめざす過程には、さまざまな困難が待ち受けています。勝利という栄光にたどりつくために、苦しい練習も手を抜かずにやり抜かなければなりません。これも決して誰かにやらされてやるものではなく、自分が喜びを味わうために、自ら選ぶことです。

愉しむことは決して「楽」ではありません。本書において、「たのしむ」を「楽しむ」ではなく、あえて「愉しむ」と表現しているのは、スポーツを「たのしむ」ことは決して「楽」な道ではなく、スポーツがもつ複雑さ、難しさを含めて「心(忄)」を「前」向きにして受け止め、「愉しむ」ことを理解してほしいからです。

スポーツに挑む以上、**勝利をめざして全力を尽くし、その過程にある困難や苦しみをすべて受け入れ、あきらめないでやり抜くことが大切**です。さまざまなリスクも含めたスポーツの性質を認識し、負けたと

きにも事実を受け止め、敗因を分析、反省し、次の勝利に向けてまた全力で挑む気持ちが大切です。**勝利をめざしてスポーツに挑み、苦しい試練を耐え抜き全力で愉しみ尽くす気持ち、これこそがスポーツマンに求められる「覚悟」です。**

当事者意識とリーダーシップ

覚悟ができると、当事者意識が芽生えます。当事者意識は英語で「Sense of ownership」と表現されます。つまり、「自分が全責任を負わないと機能しない」というくらいの気持ちで向き合うことです。

当事者意識がない人は、誰かのせい、なにかのせいにして不平不満が多くなったり、思考、発言、意見、提案をしなかったり、すぐに答えがほしくなったり、組織への帰属意識や自らに対する客観的な視点をもてなかったりする傾向を示します。

一方、**当事者意識がある人は、スポーツや物事に向き合う責任と覚悟をもっています。これはリーダーに求められる力でもあります。**

リーダーに求められる能力が「リーダーシップ」であるとすると、その要素として「尊重する力」「自ら考える力」「決断力」「自ら実行する力」などさまざまな力が必要です。スポーツはスポーツマンを育てる場。リーダーに求められる力を養うのにスポーツが最適なソフトであることも、読者のみなさんならご理解いただけるでしょう。

いわゆる体育会文化の中では、身体の動きを重視し、コーチや先輩のいうことに絶対服従することになるため、「自ら考える力」は軽視されがちです。

　一方、「スポーツマンシップ」は、「他者を尊重し」「勇気を奮い」「覚悟をもって自ら考え行動する」という精神です。

　もちろん、スポーツが人格形成のすべてを担うわけではありませんし、スポーツ以外に人間力の向上を提供できる場がないわけでもありません。しかし、**スポーツは当事者意識やリーダーシップを身につけるために最も身近で実践的であり、人格形成に結びつく場として有効**であることも理解できるのではないでしょうか。

やり抜く力「GRIT」

　アメリカ・ペンシルバニア大学の心理学者アンジェラ・ダックワース(Angela Duckworth)教授による研究で話題を集めた「GRIT」という概念があります。アスリートをはじめ、起業家、ビジネスマン、アーティスト、学者など、さまざまな分野で成果を上げた成功者に共通する能力であり、ことを成し遂げるため、才能以上に必要とされる力として注目されてきました。

　ダックワース氏は「長期的なゴールを決めて、どんな手を使っても、どんなに努力してもそれが実現するまではあきらめないということが

できる人のこと。あきらめるのが楽なときに、GRIT をもっている人はやり抜くことができる」といいます。

このGRITは以下の4つの要素から創られた造語で、日本語では「やり抜く力」と表現されることが多い言葉です。

- 度胸（Guts）：困難に挑み、逆境にたじろがない勇気
- 復元力（Resilience）：挫折から立ち直る力
- 自発性（Initiative）：率先して物事に取り組む力
- 執念（Tenacity）：どんなことがあっても物事に集中しつづける能力

ダックワース氏の著書『やり抜く力 GRIT（グリット）──人生のあらゆる成功を決める「究極の能力」を身につける』の中でも、「結果を出した人たちの特徴は、情熱と粘り強さを併せもっていることだった。つまり、GRITが強かったのだ」と記されています。

自らと向き合い、最後まであきらめず全力を尽くして愉しみ抜くこと。こうした力は、まさにスポーツマンに求められる覚悟と重なります。

GRITを実践し続けた人として思い出される一人がイチロー選手ではないでしょうか。実際に、イチロー選手の言葉の数々から、GRITに通じるスポーツマンとしての覚悟を感じとることができます。

「壁というのは、できる人にしかやってこない。超えられる可能性がある人にしかやってこない。だから、壁があるときはチャンスだと思っている」

「結果が出ないとき、どういう自分でいられるか。決してあきらめない姿勢が、なにかを生み出すきっかけをつくる」

「努力せずになにかできるようになる人のことを天才というのなら僕はそうじゃない。努力した結果、なにかができるようになる人のことを天才というのなら僕はそうだと思う」

「特別なことをするために特別なことをするのではない、特別なことをするために普段どおりの当たり前のことをする」

自分なりの信念を見つけ、自ら挑戦し、失敗や挫折にめげることなく立ち直り、コツコツとやり抜く。こうした**GRITは後天的に伸ばす**

ことが可能です。自ら必ず成長することを信じ、トレーニングを続けることでこのGRITを高め、さらなる大きなチャレンジへとつなげることが実現できます。

謝る力と立ち直る力

他者を尊重し、勇気をもち、自分に誠実に向き合う覚悟ができると、失敗したときに謝ることができるようになります。失敗したときに、何かのせいにせず自らの非を認めて謝ることは、負けたときに潔く自らの敗北を認めることのできるGood Loserにも通じる振る舞いといえるでしょう。

「ごめんなさい」

「申し訳ございませんでした」

これらのように、素直に自らの非を詫びることは、ときに苦しく、屈辱を覚えるケースもあるかもしれません。また、言い訳をしたくなったり、なんとかその場をとり繕って逃れたいと思ったりすることもあるかもしれません。

しかし、人は失敗する生き物です。覆水盆に返らずというように、してしまった失敗をなかったことにするのは難しいこと。自らに非があった場合に、その非を認め素直に謝れる人のほうが、結果的に、潔く信頼できる人と認識されるはずです。

そして、いくら謝罪したとしても、失敗した際には落ち込むものです。そこで**重要になるのが、「レジリエンス(resilience)」と呼ばれる「回復する力」や「立ち直る力」**です。「回復力のある」という形容詞はレジリエント(Resilient)といいますが、スポーツを通してスポーツマンシップを身につけたスポーツマンを育成することは、レジリエントな人材育成につながります。

　私たちが現代社会を生きていく上では、さまざまな問題に直面します。ビジネスの世界でもつねに多くのトラブルが発生します。「レジリエントな会社」は、それらの問題にしなやかに対応し試練を乗り越える「事業継続能力」の高い会社です。

　危機にもひるまず立ち向かうことは必要ですし、失敗しないように努力することは大切ですが、すべてにおいて成功できるわけではありません。失敗しないようにリスクを想定し考えを巡らせ全力を尽くすことと同時に、失敗してしまったときに「謝ることができる力」と「立ち直ることができる力」も非常に重要になります。

　スポーツと真剣に向き合ってきた人であれば、失敗や敗戦が人を大きく成長させることを知っているはずです。「失敗できる力」こそが「生き残るための力」ということもできます。だからこそ、これらの**「謝る力」と「立ち直る力」を兼ね備え、失敗を恐れず思い切って挑戦できるようになることは私たちにとって大きな力になるのです。**

スポーツマンシップという覚悟

　覚悟は、国語辞書によれば、「迷いを去り、道理をさとること」(広辞苑)、「危険な状態や好ましくない結果を予想し、それに対応できるよう心構えをすること」(大辞林)などと説明されています。**スポーツマンに求められる覚悟とは、スポーツを愉しむ上で生じるさまざまな困難、リスク、複雑さを受けとめる心構えをもつことだといえます。**

　繰り返しになりますが、ゲームを愉しむことがスポーツの基本です。もし愉しめないのであれば、そもそもスポーツをする意味がなくなってしまいます。しかし、スポーツを愉しむことに注力し、勝利という喜びを追い求めるがあまり、その欲望が勝ってスポーツマンらしさを忘れさせてしまうこともあります。

　ゲームに臨むために、相手や環境について研究し、苦しい練習を乗り越え、自らを鍛え上げることが大切です。いざゲームとなれば、さまざまな困難やリスクを受け入れつつ、勝利をめざして最後まであきらめず全力を尽くす一方で、プレーヤー、ルール、審判を尊重してスポーツマンらしく振る舞うことも求められます。

　Good Game を創ろうとするためには、欲望のままにプレーするのではなく、自らをコントロールする自律心が必要です。

　スポーツは一筋縄ではいかない逆説的で複雑なものです。スポーツ

と向き合うには、そうした複雑さも含めて理解し、その価値を大切にすると覚悟をもつことでもあります。

　フィギュアスケート男子シングルで活躍する羽生結弦選手は、2014年ソチオリンピックで19歳にして金メダルを獲得、追われる立場となった4年後の2018年平昌オリンピックでは大きなケガを乗り越え、見事再び金メダルを獲得しました。オリンピック連覇の偉業を成し遂げた翌朝、羽生選手はこんな話をしてくれました。

　「スケートは自分の人生そのものだと思っています。オリンピックのマークがある舞台で滑るのは特別。そこで滑る幸せを感じたいと思っていました。オリンピックだからこそ、その舞台で滑っている自分自身を愉しもうと思っていました。19歳でとった金メダルは、ライバルがミスしてタナボタで勝ったという感覚が自分の中にあって満足し切れませんでした。でも今回は、ミスもあったかもしれないけども、みんながいい状態で戦って、自分も力を出し切って勝利できました。胸を張って『オリンピック金メダリスト』といえます。今までのスケート人生を、そして、自分の人生をかけて、このために苦しい道を選んできました。そして、これからの人生で胸を張れる、誇れる成績をとれてよかったと本当に思っています」

「スケート以前に、まずは生きていくことが大事です。スケートを
やるにも人間性が一番大切だと思っています。スケーターとしてだけ
でなく、人間として育ててくださった方々がたくさんいらっしゃるの
で、そういった方々全員に感謝したいです」

　こうした羽生選手の言葉からは、オリンピック王者としてのプライ
ドとともに、フィギュアスケートと向き合う覚悟を感じることができ
ます。スポーツマンシップは、真のスポーツマンがもつべき矜持とい
うべきものかもしれません。

真のコミュニケーション能力

　私たちの誰もが「自分」として生きています。この世にいるすべての人が、自分が見えていること、聞こえていること、感じることを積み重ねながら、自らの考えに基づいて「自分が主役」の人生を生きているのです。

　チームメイトや仲間はもちろん、恋人や家族ですら、自分以外の人が頭の中で考えていることを覗くことはできません。自分以外の他人のことを完璧に理解することなどそもそも不可能であるという前提を理解する必要があります。他人を完全に理解することなど不可能であるという前提を受け入れた上で、それでも他人を理解しようと努めることが大切なのです。

　このことは同時に、自分自身を理解してもらうことが難しいことをも示しています。

　自分のことを完全に理解できるのは、自分以外には存在しません。自分以外の他人のことを完璧に理解することなどそもそも不可能であると同時に、自分以外の他人に自分自身のことを完璧に理解してもらうことも不可能なのです。

　わかり合えない他人同士が理解し合い、許容し、共感する「エンパシー(empathy)」を発揮するためには、決してわかり合うことのない他人のことを理解しようと努力するとともに、自らのことを他人に理解してもらうための努力も伴います。そのための手段が「コミュニケーション」にほかなりません。互いを尊重しながら、相手の言動に注目し、自らの情報を発信することで、理解を深め合う努力が大切になります。

　日本経済団体連合会(経団連)で

は、毎年「新卒採用に関するアンケート調査」を実施し、その結果を公表していますが、企業が選考で重視する点として16年連続で1位に挙げられているのが「コミュニケーション能力」です。

　「コミュニケーション」の意味について、広辞苑には「社会生活を営む人間の間で行われる知覚・感情・思考の伝達。言語・文字その他視覚・聴覚に訴える各種のものを媒介とする」と書かれています。ちなみに、コミュニケーションという言葉の語源は、ラテン語の「communicatio」であり、「他人とわかち合うこと、共有すること」という意味であるといわれます。本来の意味からすると、情報を伝達するために発信するだけでは不十分で、共有してはじめて目的が達成されるといえるでしょう。

　アイルランド国教会主教で哲学者のジョージ・バークリー氏（1685〜1753）は「もし今、私たちの知らない遠く離れた地の誰もいない森で、一本の木が倒れたとする。その際に、その木は音を出して

倒れたのか？」と問いかけました。バークリー氏をはじめ、多くの哲学者や心理学者は、この問いに対して「音を出していない」と答えます。というのも、木が倒れるときに生じる空気の振動が、人の鼓膜を震わせ、それが脳に送られてはじめて「音」として認識されます。誰もいない森では、倒れた木の音を誰も認知することはできないというわけです。そして、バークリー氏は「存在するということは、認知をすることである」という言葉も残しています。誰か第三者が認知できてはじめて、すべては存在するということなのです。

　コミュニケーションにおいて最も重要になるのが、情報の発信者と受信者の関係です。自らは相手に意見を伝えたつもりでも、それが相手に聞こえていなければ、心に届かなければ、その結果として行動が伴わなければ、コミュニケーションが成立したとはいえません。すなわち、コミュニケーションは、発信者が「伝える」こと以上に、受信者に「伝わる」かどうかが成果と

して問われるのです。

　自分は伝えたつもりなのに、伝わっていない。いったはずなのに、聞いていないといわれてしまう。そんな経験はないでしょうか。

　発信した側からすると、受け手である受信者側の聞く能力、聞き漏らしを疑いがちです。しかし、受信者に伝わるように届けられていない発信者側の能力や伝え方を見直すことも必要かもしれません。コミュニケーションには双方の努力が求められるのです。

　しばしば、「私はコミュニケーション能力が高いので、組織の和を乱しません」などと話す若者を見かけます。これは、コミュニケーション能力のことを「協調性」ととらえているからでしょう。しかし、コミュニケーションは決して協調性に限りません。ときには、いいづらいこともいわねばならないこともあるはずです。そのような苦言をきちんと相手の心に届かせる能力も、コミュニケーション能力として問われる重要な部分です。そこには、相手を尊重して思いや

り、勇気をもって自分の意見を発信し、相手に伝わるように伝えようと努力する覚悟が求められます。

　よりよいコミュニケーションを図る上では「笑顔」も大切なキーワードです。赤ちゃんをしかめっ面であやす人はいないように、自ら笑顔を心がけることが相手とのいいコミュニケーションを実現させます。スポーツをする際に「歯を見せるな」「ヘラヘラするな」といわれることもありますが、スポーツを愉しむ上で気持ちをコントロールする意味でも、笑顔がもたらすよき効果を意識すべきです。

　スポーツは、対戦相手、チームメイト、審判、ファン、さまざまな他者の存在を認知しその人たちのことを考えながら、自らの思考や判断をプレーという形で表現する行為です。そう考えると、スポーツは、現代社会で私たちに最も必要とされるコミュニケーション能力を鍛える上で、最高の舞台ととらえることができます。スポーツと真剣に向き合うこと自体が、究極のコミュニケーションだといえます。

ルールはスポーツを愉しむための約束事。
競争を愉しむ上での本質が集約されている。

ルールがあるからスポーツを愉しめる

　ルールは、スポーツの構造やシステムを定義するものだといえます。ゲーム性を担保するものであり、スポーツを愉しむ上での約束事です。どのように行動するのか、いかにプレーすることが望ましいのかを示すレシピといえるかもしれません。このルールを尊重することは、スポーツを愉しむための前提条件です。

　「なぜルールを守らなければならないか」といえば、それがスポーツを愉しむために創られた共通の約束事だからです。守らなくてはならないものを文章化したルールはスポーツの大前提。

　ルールを守りたくないのなら、そもそもスポーツをしなければいいのです。**スポーツに参加するための前提条件であるルールが尊重できない人にスポーツを愉しむ資格はありません。**

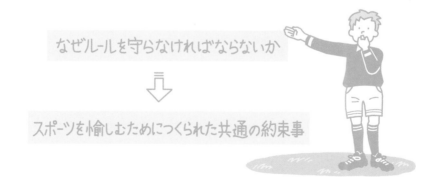

なぜルールを守らなければならないか

⇩

スポーツを愉しむためにつくられた共通の約束事

ルールの役割

すべてのスポーツにおけるルールは、ほぼ次の３つの機能に集約されます。

- 共通化（前提条件・公平性）
- 非暴力（暴力の抑制）
- 困難性（難しさの増加による愉しみの増加）

一つ目の「共通化」は、勝敗、得点、空間、時間、人数、形式などの前提となる条件を定義することです。勝敗を決する方法、ピッチサイズ、競技時間、プレーヤーの数など、**いつでもどこでも公平にゲームを行うための諸条件が決められています。**この点に関して、プレーヤー全員の共通理解がないとそもそもゲームが成立しません。

二つ目の「非暴力」は、ジェントルマンの条件でもあります。暴力的では愉しく遊ぶことができません。暴言もいけません。文明人として、文章化されたルールにのっとって、暴力に訴えない冷静な対応が求められます。つまり、**プレーヤーに「理性的」に愉しむことを求めているのです。**

125

産業革命以降、都市で働く労働者が誕生しました。彼らは効率化された勤務体系の中で、働かなくてもいい余暇の時間を定期的に得ることになります。村で働いていたときよりも収入は増えたものの、自由は限定され管理されるストレスを抱えるようになりました。そのストレスの発散手段となったのが、暴力的な行為と賭け事でした。ボクシングの原型である拳闘や闘鶏が行われ、賭けの対象となりました。また、もう一つのストレス発散方法がフットボールでした。彼らは、血を見て興奮することでストレスを発散していたと考えられています。

　しかし、**物理的に身体に対する暴力行為をしないことが近代国家の前提**です。そこで、素手で殴り合っていた拳闘ではなく、リングを設け、グローブをはめ、10カウントで終了するルールを設けた「ボクシング」というスポーツが生まれたのです。

　近代国家における重要な概念の一つが「自力救済の禁止」です。

　たとえば、隣の家の庭から木が塀を越えてこちら側に出てきていた場合には、「出ていたので切りました」ということは許されず、公的な機関に申し出て客観的に判断してもらわなければなりません。実力行使が認められているのは唯一国家権力のみです。17〜18世紀は殺人の世紀といわれるほど、紛争や戦争などであまりにも多くの人が殺されました。そうした悲劇を反省し、紛争解決の手段として村と村を統合して国家を創り、この国家に訴えることで紛争解決を図るように

なったのです。

　個人レベルで解決しない（＝自力救済の禁止）。感情の赴くままに実力行使しない。そうした考え方が、スポーツのルールにも反映されているのです。

　三つ目の「困難性」は、守りにくい条項をルールに設定することです。勝利や得点をしにくくするために、障害を設けます。サッカーではなぜゴール前で待ち構えていてはいけないのでしょうか。ラグビーではなぜ前方にパスしてはいけないのでしょうか。これは、それによってより愉しくなるからです。サッカーのオフサイド、ラグビーのスローフォワードやノックオン、バスケットボールのダブルドリブルやトラベリングなどに代表されるように、目的を達成しにくくすることで愉しくなるように反則が設定されています。これは、ルールを守るという原則に対していい訓練になると同時に、**困難な条件を乗り越**

127

えるとより愉しめるというエンターテインメント的な価値観が反映されています。

　この背景には、「苦境を設定する」ことで達成されたときの喜びが大きくなるという思想があります。アイアンマンレース（トライアスロン）、ウルトラマラソン、自転車のロードレースなどに代表されるような競技も、厳しい苦境を乗り越えることでより大きな喜びを得ることができるという考え方が反映されているといわれています。加えて、相手が真剣に戦ってくれて、なおかつ強ければ強いほど、勝利という目標の達成が困難であると同時に勝利したときの喜びは格別なものになります。自分が倒そうとしている相手を認めることほど難しいことはありませんが、倒したい相手がいるから練習という困難に立ち向かえますし、相手がいなかったらそもそもスポーツを愉しむことができないのです。だからこそ、相手を認めることは大切です。

　全力を尽くしてようやく勝利を達成し、歓喜する状況をつくっておきながら、「勝って驕らず」などというのも困難や制約の一つと考えられるかもしれません。

　目の前の困難が大きければ大きいほど達成したときの喜びは大きくなるという側面は、スポーツを愉しむ中に含まれているのです。こうしたさまざまな困難を乗り越える力は、人生にとっても必要不可欠なもの。スポーツは、まさに人生の縮図そのものなのです。

サッカーの「ハンド」は、元々相手を殴ったり、投げ飛ばしたりする暴力的な行為を禁じることを目的としてできたルールでしたが、現在では、ゴールキーパー以外のフィールドプレーヤーが手を使うことができないことによる困難性は、愉しさ、エンターテインメント性を高めるルールとして機能している側面もあるでしょう。

　これら3つに代表されるルールの機能は、すべて「スポーツを愉しむため」に人が考え出したものです。多くの場合、スポーツのルールは時代によって変化します。これは、道具の発達や環境の変化などによって、公正さが失われたり、愉しさが変わってしまったりするからです。より愉しくプレーできるようにルールは改正されるのです。

競争を愉しむための本質が、ルールに集約されています。

ルールの歴史的背景を理解する

　スポーツの歴史、ルールの歴史を学ぶことも大切です。

　スポーツは、時代の流れ、技術、環境の変化とともに日々進歩していますし、それらの進化によって道具や戦術も変化していきます。**ルールも決して固定化されたものではなく、時代の要請に応じて変化していくことが求められます。**

　ですから、ルールを尊重するということは、書かれている文章を守

るだけではありません。**ルールが存在する意味を理解し、ある競技や特定のゲームや大会などが、歴史的にどのように生まれ、そしてどのような過程を経て現在に至っているのかを学び理解することは、スポーツマンシップを習得する上で重要**なのです。

　本当の意味でスポーツを愉しむには、歴史や伝統を学び理解した上で、自分もその世界に参加するという覚悟が必要です。ルールはもちろん、スポーツをどのように理解し、ゲームでどのように振る舞ったかは、将来のプレーヤーが新たに学ぶべき伝統として受け継がれていきます。**参加者一人ひとりが、そのスポーツの伝統に対する責任を負う**ことを認識しましょう。

　たとえば、バスケットボールの終盤でよく見られる「ファウルゲーム」について考えてみましょう。

　これは残り時間1〜2分になり得点差が 10 点前後、または、残り時間 30 秒〜1 分で得点差が 5 点前後の場合にとられる戦術です。通常の試合運びでは逆転が難しいと判断した場合に、ルール違反によってゲームクロックを止めるとともに、相手のフリースローの失敗を期待しながら自チームがリバウンドを獲得することで、より多くの得点を重ねようという作戦です。

　このファウルは、スポーツマンシップに反しているでしょうか。

　たしかに、ルールに照らせばそれは反則で、ルールにしたがって

罰則の適用を受けるのはいうまでもありません。反則をすることで、ゲームとしてのスリルや面白さは失われますし、勝つためならなにをやってもいいと考えることで、競技レベルが下がったり、スポーツ自体を成立させない原因となったりする側面もあります。実際、ファウルゲームは、見ている人々が感動したり、選手が称賛されたりするプレーとはいいづらいのが事実です。

　しかし、バスケットボールでは、残り時間をコントロールするためにあえて意図的に反則を犯す駆け引きが慣習として定着していて、スポーツマンシップに反しているとは一概にいえません。

　実際の競技面で**スポーツマンシップを考えるときに、その競技の伝統や慣習を理解する**ことも必要です。基準は単純ではないのです。正当に評価するには知識と経験と的確な判断力が求められます。

　これらすべてを受け入れることがルールへの尊重であり、優れたスポーツマンに求められることです。

ルールを守れば十分か

　ゲームは、スポーツにとって最も重要なシーンです。この遊びを愉しむために、「共通化」「非暴力」「困難性」などをルールで定めています。

　しかし**スポーツには、ルールには明記されていなくてもとるべき行為が存在します。**

131

たとえばサッカーでは、プレーヤーがケガをして倒れたらボールをピッチ外に蹴り出して、ゲームが一度切られた後にピッチ外のドクターやトレーナーを呼び入れることがあります。

　こうしたケースで「ボールをピッチ外に蹴り出しなさい」とはルールブックに書いてありませんが、サッカーというゲームを理解していればこれらの行動は正当だと自然に判断できます。負傷者の存在は、ゲームを愉しむためには妨げとなりますし、選手がケガをしているのに見て見ないふりをするのは、公正や尊重に反するからです。また試合再開時に、スローインしたボールを元々ボールを保持していた側に

渡すのもサッカーにおけるマナーの一つです。

　こうした慣習やマナーはルールとは異なりますが、スポーツを公平に愉しむために習慣化されているのです。

　野球の試合で大差がついたときに、リードしているチームの選手が盗塁をしようとするケースがあります。野球では個人記録も競われるので、盗塁王をめざしている選手などは盗塁数を一つでも増やしたいもの。ルールでは盗塁を禁じているわけでもなければ、公に非難されるというほどのことでもないのかもしれません。最後の最後まで結果はわからない以上、逆に手を抜くことのほうが失礼という考え方もあります。とくに、高校野球のように一発勝負のトーナメント形式の大会であれば、点はとれるときにとれるだけとりたいと考えることも当然といえます。

133

アメリカのメジャーリーグベースボール（MLB）では大量点差のついた試合で終盤に盗塁はしないのが暗黙の了解となっています。公式記録としてカウントされない場合も多いようですし、仮にそのマナーを破ると、後に相手から死球などの報復が待っているといわれます。勝っている側は必要以上に相手を侮辱せず、負けている側はきちんとあきらめるという不文律があるとされるのです。

日本のプロ野球（NPB）でも、2008年にプロとアマ合同の日本野球規則委員会において、プロは大量点差で盗塁した場合、MLB同様に盗塁と記録しないことを決定（適用する点差は公式記録員が決める）しています。

このように、**伝統や慣習も時代によって変化していくもの**です。

みんながやっているからいいのか?

ゲームの精神に反しているのに、「それもゲームだ」と開き直って言い訳することがあります。そういうときは、一歩引いて冷静にその外側から考えてみましょう。

「たしかにその行為はゲームでよく行われているが、実はいけないことなのではないか」と、少し俯瞰した視点から判断してみるのです。

プロ野球では、シーズン終盤優勝が決定した後は、個人タイトルに興味関心が移ります。

自チームの選手にホームラン王をとらせるために、相手チームでタイトルがかかっているライバル選手に対して、意図的にフォアボールを与えて敬遠するというケースをよく目にします。それも試合に勝利するため戦術的にやむを得ないという場面ではなく、ランナーなしの場面からでも敬遠するというケースさえ見受けます。

「みんながやっている」

「昔から当たり前のようにしている」

　慣習だからといっても、行為を正当化する理由にはなりません。少なくとも、スポーツマンシップの観点でスポーツやゲームを尊重するならば、また、相手やファンを尊重するならば、ゲームの勝敗と無関係な意図的なフォアボールは不適切な行為かもしれません。

　すべての競技に固有のニュアンスのようなものが存在します。秀でたプレーヤーとなるだけではなく、優れたスポーツマンになるためには、その**競技の歴史的な成り立ちを理解し、その競技自体を尊重する心をもつ必要があります**。

　スポーツを愉しむ以上、歴史や伝統を学び理解した上で、自分もその世界に参加するという覚悟が求められます。そして、プレーヤー自身の判断や行動が、また新たにその伝統を形成していきます。

　自分がゲームでどのように振る舞ったかの積み重ねが、将来のプレーヤーが新たに学ぶべき伝統となるのです。つまり、**参加者すべて**

135

が、そのスポーツの伝統に対する責任を負うことを認識し、その上で自分たちの果たすべき責任を自覚することが重要です。そして、「みんながやっているから」という言い訳を認めないようにしましょう。

　一見その競技のルールや慣習にのっとっているようで、スポーツの本質に反している場合は、スポーツマンにふさわしくない行為であることは明確です。スポーツを、ルールを理解し、尊重する人がスポーツマンであることを忘れてはいけません。

ルールを創る、ルールを変える

　決められたルールを守るのは、スポーツに参加するための前提条件であり当然のことです。前述したように、ルールを守りたくないのなら、そもそもスポーツをしなければいいわけですし、ルールが尊重できない人にスポーツを愉しむ資格はありません。どんなによくないルールでも、正当な手段を通して決まったルールであれば、守る義務が発生します。

　一方で、このようにルールを守ることは必要条件ですが、それだけでスポーツを理解しているとはいえません。より広い視点でスポーツを理解することが大切です。

　もし仮に、ルールのせいでスポーツを愉しむことが難しいのであれば、より愉しむことができるようにルールを変更する必要があるでしょ

う。さまざまなルールが、時代の流れによって変化しているわけですから、ルールは変えるものととらえるべきです。

ルールは元々与えられたものではなく、プレーヤーがスポーツを愉しめるように人間が創り出したものです。したがって私たちは、さまざまな立場の意見を尊重しながらも、よりゲームを愉しめるようにするにはどうしたらいいかを熟考し、よく議論し、よりよいルールを定めていく必要があります。

ただしその際、ルールを改正するための正当な手続きによってルールを変更することが必要です。そして、ルールを設定する側の立場に立つことや視点をもつことも大切です。単にルールを守る側として全力を尽くすだけでなく、**正当な手続きを経てよりよいルール創りに意見し、加わっていくという発想も重要**だということです。そのためにも、ルールを創る側に加わるポジションや環境を確保する意識、ルールセッティングの権利を得るための戦略策定は不可欠です。

そして、その上で、正しいプロセスを経て決められたルールの意義を理解し、尊重し、守っていくこともまた、スポーツマンに求められるのです。

フェアプレーの精神

スポーツにおけるフェアプレーの概念は、19世紀のヴィクトリア朝時代のイギリスで形成されました。近代になって文明化が進む中で、一部の娯楽がスポーツとして一般化していきました。その特徴は暴力を抑制することでした。

産業革命以後、都市化と文明化が進み、社会的にも野蛮さが嫌われるようになっていったのです。同時にスポーツでゲームを愉しむという考え方がだんだん広まっていき、多くのパブリックスクールが採用するようになったといわれています。

その過程で、条件を同じにすることがフェアと考えられるようになり、ルールが誕生し、それを遵守するフェアプレーの思想が採用されるようになります。

19世紀後半のパブリックスクー

ルは、ヴィクトリア朝イングランドにおける人材養成機関であり、目標とすべき理想像が「ジェントルマン」でした。産業革命後のイングランドでは、社会における産業市民が台頭し、社会の中心となっていきました。貴族ではない富裕階層としてジェントルマンが台頭したのです。それまでの貴族と決定的に違ったのは、彼らは「仕事をする」ということでした。

仕事をすることが、ジェントルマンとしての重要な要素だったのです。ジェントルマンを育てるためにスポーツをしていたのですから、ビジネスマンの論理にも対応していることは必然です。そう、スポーツマンは「仕事のできるジェントルマン」だといっても過言ではないのです。

ラグビー校のトマス・アーノルド

校長は、「スポーツはジェントルマンを育てる場」にふさわしいと考え、フットボールから暴力を排除することをルールとして整備しました。

1863年には、ロンドンで各校の代表者が集まって、フットボールの団体（FA）を創り共通のルールを定めました。それがフットボールのはじまりだといわれています。「手を使わない」というフットボールの最も基本的なルールが生まれたのは、元をたどると手を使って行う野蛮な暴力を排除することがきっかけだったのです。

元々は、「紳士は反則を犯さない」という前提でゲームが行われていましたから、プレーヤーの振る舞いに対してコントロールをおよぼすことは、ジェントルマンの名誉に基づくフェアプレーの精神に重要な影響を与えました。

フットボールでは、当初レフェリー（審判）が必ず存在していたわけではなく、フリーキックや退場といった罰則も規定として存在しなかったそうです（1863年に制定されたフットボールのルールには、試合進行に必要な14の事項が記載されていたのみでした）。

第三者が外部からゲームをコントロールする、いわゆるレフェリーという存在は、1871年にFAカップがオープン化し労働者階級のクラブも参加することになった際に、はじめて導入されました。

はじめはパブリックスクール出身者のチームが優勝を独占していました。やがて、労働者チームが台頭し観客数も増えていきます。

FAカップ決勝の観客数は、1885年は27,000人だったのが、8年後の1893年には45,000人に達し、それ以降10年間の平均観客数は80,000人以上を数えるほど人気が高まっていったそうです。

1874年には有料入場が導入されました。それまでの社会状況では、仕事と遊びは明確に区別されていて、スポーツは仕事をしないときにする娯楽という位置づけだったため、スポーツを仕事にするプロフェッショナリズムは、スポーツ本来の存在意義を損なうと

思われていましたが、有料化を
きっかけにしてプロ選手が次々に
登場するようになります。

　労働者チームの台頭やプロ選手
の登場などにより勝利の重要度が
ますます高まる、ジェントルマン
を前提にした競技進行の手続きと
簡単な約束事だけで十分機能する
はずだったルールに「新しいコント
ロール方法」を加えることが必要と
なりました。

　「ジェントルマンらしい名誉ある
態度」はもはやスポーツの最重要事
項ではなくなります。スポーツは
プレーを愉しむためだけのもので
はなく、勝利こそが最大の目的と
なっていきました。

　そして、勝利の重要性の高まり
に伴い、「ルールにのっとって公平
な条件で正々堂々と戦う」という
フェアプレーの実践は難しくなっ
ていくのです。

　このような歴史的背景の下、
フェアプレーの実践が困難になっ
てきた今、なにか打つ手はないで
しょうか。

　悪質なファウルなどのルール違

反に対して、ペナルティーをもっ
と厳しくするのも一案かもしれま
せん。

　しかしそれ以上に、フェアプ
レーの意義と価値を理解し、広く
普及させることがもっと大切で本
質的です。とくに若年層に対する
教育は重要です。

　フェアプレーは放っておいて育
つものではありません。意図的に
醸成し、日々の練習のときから要
求し体験させることが必要です。

　スポーツはプレーヤーも観衆も
感情的になりやすいものです。

　だからこそなおさら、スポーツ
界全体でスポーツをとりまくすべ
ての関係者とともに、スポーツマ
ンシップやフェアプレーの理解を
進めることが大切なのではないで
しょうか。

第8章
スポーツマンシップという原理原則

スポーツの原理とルールの前提となる原則。
スポーツを愉しむ上で不可欠なスポーツマンシップ。

スポーツマンシップは原理原則

これまでに述べてきたように、スポーツを真剣に愉しむことによって人は成長します。**スポーツマンを育てる「スポーツマンシップ」こそが、スポーツの本質的なキーワードとなる「原理」です。同時に、この原理を成立させるために守るべき「原則」もスポーツマンシップといえるかもしれません。**

嘘をついてはいけない。これが、私たち人間にとって重要な原則であることは、みなさんもご存知のはずです。では、あなたは嘘をついたことがないでしょうか？　「嘘も方便」という言葉が示すとおり、人は生きていく上で大なり小なり嘘をつきます。しかし、やむを得ず嘘をついたときでも、多くの人はどこかでやましさを感じるもの。もしやましさを感じない人がいるなら、それは嘘つきです。本当の嘘つきとは「嘘を平気でつける良心のない人」といってもいいでしょう。

「嘘をついてはいけない」ということは原則です。原則は、ルールのようにわざわざ定めて確認するまでもなく、前提として誰もが心得ている共通の了解事項である法則のこと。スポーツをする上での原理原則が「スポーツマンシップ」なのです。

- スポーツは過程を愉しむゲームである（Play！Enjoy！）
- プレーヤー全員がいいゲーム（Good Game）を創る義務と責任を負う
- スポーツを愉しむために設けられているルールを尊重し守る
- 対戦相手、仲間、審判など、自分と異なる立場の他者を尊重し大切にする
- 勝利を求めて勇気を発揮し、最後まであきらめず全力でやり抜く覚悟をもつ

　重要なことは、プレーヤーが上記に掲げたような**原理であり原則である「スポーツマンシップ」を欠くと、スポーツを愉しむことができなくなる**という点です。最も基本となる「愉しむ」ことができないならスポーツとして成立しなくなってしまいます。スポーツマンシップという原理原則は、ルール、マナー、モラルも含め、スポーツ特有の伝統や慣習を理解し、尊重することを求めるのです。

スポーツは過程を愉しむゲームである

　スポーツを愉しむ上で大切なのは、勝利の喜び、金、地位、名誉、人気などを含めた結果以上に、スポーツに参加することで得られる喜びや価値です。遊びとしてスポーツをとらえるなら、**結果ではなく過程こそが重要な意味をもつ**ということです。

　「ゲームを愉しむための前提であるルールを守らない」

　「ゲームを愉しむための大切な仲間である相手を、威嚇したり侮辱したりする」

　「ゲームを愉しむための大切な仲間である審判に対して、不平不満をいったり、暴言を吐いたりする」

　これらの行動は、過程を愉しむスポーツの本質から考えれば無意味なことです。

　子どもたちがプレーに熱中するあまり、ケンカになりそうになったら、「たかがスポーツじゃないか」といってなだめるでしょう。高校生や大学生でも同じです。「ケンカをしているのではなく、ゲームをプレーしているのだ」ということを時々思い出させる必要があります。

　繰り返しになりますが、愉しめないならスポーツではありません。勝利をめざすことはもちろん不可欠ですが、勝敗という結果以上に大切なのはその過程を真剣に愉しめたかどうかです。

スポーツマンシップという綺麗事

　スポーツマンシップについて考えるとき、「相手を尊重するばかりに優しくなりすぎて弱くなってしまう」とか「勝負の世界ではそんな綺麗事ばかりいっていられない」という人も少なくありません。

　真剣に勝利をめざして自己研鑽することを求めながら、他者を尊重し、勝利に対する欲望や敗北に対する悔しさを自らコントロールすることも同時に求める。そんな**スポーツマンシップは、たしかに綺麗事だといえるでしょう。実践するのは決して簡単なことではありませんし、この心構えを発揮するためには相応の覚悟が必要**です。

　しかし、嘘をついてはいけないということと同様に、スポーツマンシップの精神を実践することがスポーツをする上での原則です。この原則を大切にしながら真剣にスポーツと向き合うことで、スポーツはますます愉しくなり、自分自身に誇りをもてるようになるはずです。

　スポーツで、ルールを守ることが重要なことはいうまでもありません。ルールに記載されている範囲を逸脱し禁止条項に触れれば、反則として罰せられます。

　一方で、相手、仲間、ルール、審判を「尊重しているかどうか」は、外見から判断がしにくいものです。しかも、尊重しないからといって反則となることもありません。また、スポーツと向き合う際に、「勇

気を出して」「覚悟をもって挑む」ことも、ルールに書かれていることではありません。だからこそ、どうしても疎かになりがちです。

しかし、嘘をついたときに残る罪悪感と同様、**スポーツマンシップを理解して発揮できているかどうかは、自分の胸に手を当てて考えれば自分自身が一番よくわかっている**はずです。ルールに書いてないからといって、スポーツの本質であるスポーツマンシップを忘れてしまうと、真の意味でゲームを愉しむことはできなくなってしまうのです。

繰り返しになりますが、ゲームを愉しむことがスポーツの基本です。もし愉しめないのであれば、そもそもスポーツをする意味がなくなってしまいます。

単にルールを守るだけではなく、プレーヤー、ルール、審判を尊重しながら、スポーツを愉しむためにさまざまな困難や苦境も受け入れ、最後まであきらめず全力を尽くす気持ちをもち、いいゲームを創ろうとする覚悟が求められます。

スポーツの頂点を極めるような選手になればなるほどスポーツマンらしい人格者であることに気づかされます。**スポーツも突き詰めていけば突き詰めていくほど、実はスポーツマンシップが必要とされるのです。**スポーツマンシップは、真のスポーツマンが信じて抱くべき誇り、プライドのようなものです。

よきゲーム（Good Game）を創る

　スポーツにおいて、すべてのプレーヤーは、よきゲーム（Good Game）を創る義務を負うと述べました。**参加者全員が全力で戦い、対戦相手より優れた成果を出そうという努力があってはじめて、Good Gameが成立します。**

- ゲームを愉しむ上で必要となるプレーヤー（相手、仲間）、ルール、審判などゲームをとりまくすべてを尊重し、フェアプレーで正々堂々と戦うこと。
- 勇気をもって挑戦すること。
- さまざまな困難を耐え抜き、勝利をめざして全力で愉しみ尽くす覚悟をもつこと。
- ゲームが終了した後はGood LoserやGood Winnerとして振る舞うこと。
- つねに、Good Fellowとして振る舞うこと。

　これらは、決してルールに定められていることではありませんが、スポーツを愉しむスポーツマンに求められる「Good Gameを創るための義務と責任」を果たすためにも、実践すべき大切なことです。

スポーツマンシップとは、私たちがスポーツをどれだけ理解しているか、そしてその理解をどのように態度で表しているかを問われる概念でもあります。

選手宣誓がもつ意味

　「選手宣誓」でスポーツマンシップを宣言するのは、ゲームを開始する前に全員の理解を確認しておくことが目的です。

　19世紀にスポーツを編み出したイギリスの紳士たちにとっては、スポーツをする第一の目的はスポーツマンシップを示すことであり、**勝負だけにこだわる人は下品**だという評価を受けていたので、当時はこのような宣誓は必要ありませんでした。しかしスポーツが大衆化するうちに、わざわざ宣言しないとスポーツマンシップが守られなくなっていったのも事実です。

スポーツの価値を守るために、全員がスポーツマンとして覚悟をもって行動してほしい。その思いが、選手宣誓に集約されているのです。

オリンピック競技大会の開会式と閉会式は、オリンピック憲章(Olympic Charter)により国際オリンピック委員会(IOC)が定めたプロトコールにしたがって開催することが義務づけられています。開会式で宣言する文言の内容もあらかじめ決められていますが、その中には「スポーツマンシップ」の宣言も含まれていました。

すべての選手団の旗手が、演壇の周りに集まって半円形をつくる。開催国の競技者一人が演壇に上がる。その競技者は、左手でオリンピック旗の端をもち、右手を挙げて、次のように厳粛に宣誓する。

「私は、すべての選手の名において、われわれがこの大会を律するルールを尊重し、これを守り、ドーピングを行わず、また薬物を使用せず競技に全力で取り組み、真の意味での**スポーツマンシップ**におい

て、スポーツの栄光とチームの名誉のためにこのオリンピック競技大会に参加することを宣誓いたします」

"In the name of all the competitors I promise that we shall take part in these Olympic Games, respecting and abiding by the rules which govern them, committing ourselves to a sport without doping and without drugs, in the true spirit of sportsmanship, for the glory of sport and the honour of our teams."

次に、開催国から一人の審判員が演壇に上がり、宣誓する。

「私は、すべての審判員および役員の名において、われわれが真の意味での**スポーツマンシップ**において、この大会を律するルールを尊重し、これを守り、完全な公平さをもってルールどおりにこのオリンピック競技大会の競技を進行させることを誓います」

"In the name of all the judges and officials, I promise that we shall officiate in these Olympic Games with complete impartiality, respecting and abiding by the rules which govern them, in the true spirit of sportsmanship."

——国際オリンピック委員会（IOC）および日本オリンピック委員会（JOC）Website より

2012年ロンドンオリンピック以降は、全選手、全審判に加えて、

全コーチの代表も加わり、オリンピック宣誓が行われてきました。**オリンピックでは、定型的な宣言を通して、スポーツマンシップの理解と実践をすべての参加者に対して求めてきた**ことがわかります。

さらに、2018年平昌オリンピックからは、選手、審判、コーチがすべて一つの宣誓にまとめられ、選手が宣言するようになりました。

「私たちは、ルールを尊重して順守し、フェアプレー精神をもって、このオリンピック競技大会に参加することを誓います。私たちは皆、ドーピングや不正行為をせずに競技することに専念します。スポーツの栄光のため、チームの名誉のため、そしてオリンピズムの基本原則を尊重するためにこれを行います」

"We promise to take part in these Olympic Games, respecting and abiding by the rules and in the spirit of fair play. We all commit ourselves to sport without doping and cheating. We do this, for the glory of sport, for the honour of our teams and in respect for the Fundamental Principles of Olympism."

式典の時間は大幅に短縮された一方で、スポーツマンシップの文言が消えてしまったことは残念です。これまでオリンピックが大切にしてきた「真の意味でのスポーツマンシップ」の意義が損なわれることなく、オリンピズムの理解が進んでいくことを期待します。

オリンピズムと
スポーツマンシップ

　いよいよ、東京2020大会が迫ってきました。日本・東京でオリンピックとパラリンピックが開催されることになります。

　近代オリンピックは、後に「近代オリンピックの父」と呼ばれるピエール・ド・クーベルタン男爵によって提唱されました。

　1870〜71年の普仏戦争に敗戦したフランスでは、沈滞ムードが蔓延していました。貴族の家系に生まれ士官学校に学んだクーベルタン氏は、この状況を打破するためには教育改革が必要だと考えるようになります。

　パブリックスクール視察のためにイングランドへ渡ったクーベルタン氏は、学生たちが積極的かつ紳士的にスポーツに取り組む姿を見て感銘を受けました。そして「服従させて知識を詰め込むことに

偏っていたフランスの教育ではよき青少年は育たない。スポーツをとり入れた教育改革を推進する必要がある」と考えました。

　さらに世界各国を見聞していく中で、階級や伝統・慣習が重んじられるヨーロッパと比較して、古代ギリシャの都市国家にも似た自由さをもつアメリカ社会に刺激を受けたクーベルタン氏は、国際的な競技会の開催を模索するようになります。

　奇しくも、1852年、ドイツの考古学者がギリシャのオリンピアで遺跡を発掘したことをきっかけに、かつてその地で行われていた古代競技会への関心が高まっていました。その当時、ヨーロッパ各地で「オリンピック」と銘打った競技会が行われたことを知ったクーベルタン氏は、普遍的で明確な理想を

背景としたムーブメントとしての「古代オリンピックの近代における復活」をスポーツ教育の理想形として思い描くようになりました。

1894年6月、パリ万国博覧会の際に開催されたスポーツ競技者連合の会議で、クーベルタン氏はオリンピック復興計画を提案します。この案は満場一致で可決され、第1回大会は1896年に古代オリンピックの故郷オリンピアのあるギリシャ・アテネで開催すること、さらに、国際オリンピック委員会（IOC）の設立、4年に1度都市のもち回りで開催するルールなどが決まったのです。

クーベルタン氏が提唱したオリンピックの理念は「オリンピズム」と呼ばれ、オリンピックの憲法ともいえる「オリンピック憲章」に以下のように記されています。

1.オリンピズムは人生哲学であり、肉体と意志と知性の資質を高めて融合させた、均衡のとれた総体としての人間をめざすものである。スポーツを文化と教育と融合させることで、オリンピズムが求めるものは、努力のうちに見出される喜び、よい手本となる教育的価値、社会的責任、普遍的・基本的・倫理的諸原則の尊重に基づいた生き方の創造である。

2.オリンピズムの目標は、スポーツを人類の調和のとれた発達に役立てることにあり、その目的は、人間の尊厳保持に重きを置く、平和な社会を推進することにある。

「スポーツを通して知・徳・体の調和のとれた人間を育てる」こと、そして「それらの優れた人々が、文化・国籍などさまざまな差異を超え、友情、連帯感、フェアプレーの精神をもって理解し尊重し合うことにより平和な世界を築く」ことがオリンピズムであり、そして、この理想を実現するために、

「卓越（Excellence）」

「友情（Friendship）」

「尊重・敬意（Respect）」

という3つをオリンピックの価値「オリンピックバリュー」として掲げています。

このオリンピズムを広める活動を「オリンピック・ムーブメント」と呼びますが、その最高峰に位置づけられているイベントこそ、私たちがよく知る「オリンピック競技大会」なのです。

勇気と覚悟をもってスポーツと向き合うことで、肉体、意志、知性をバランスよく高める。高めあった世界中のライバルたちがいるからこそオリンピックを愉しむことができることを理解して尊重し、真剣にメダルを競うことを愉しむことを通して友情を育む。メダルの価値やメダリストの名誉は疑いなくすばらしいものですが、オリンピックにおいて、メダルの色や数が最も重要なわけではありません。オリンピックをめざして挑む過程のすべてに価値があるのです。

1908年ロンドンオリンピックの際に、アメリカ代表選手団とイギリス代表選手団との対立が絶え間なく起こったことを憂いたアメリカ出身でイギリス在住だったタルボット司教は、ミサで「オリンピックで重要なことは、勝利することよりむしろ参加することである」と語りました。当時IOC会長だったクーベルタン氏は司教の言葉を取り上げ、こう述べたといわれています。「勝つことではなく参加することに意義があるとは至言である。人生において重要なことは、成功することでなく、努力することである。根本的なことは、征服したかどうかにあるのではなく、よく戦ったかどうかにある。このような教えを広めることによって、いっそう強固な、いっそう激しい、しかもより慎重にして、より寛大な人間性を創り上げることができる」

スポーツマンに求められる尊重、勇気、覚悟の精神は、まさにオリンピズムに通じます。今こそ、東京2020大会の開催国として、スポーツ最大の祭典であるオリンピックの本当の意義を理解し、スポーツの本質的価値であるスポーツマンシップの理解と実践が進む機会にしたいものです。

第9章
たかがスポーツ、されどスポーツ

スポーツは人生においてささやかなもの。
しかし真剣に遊ぶことで人生に豊かさをもたらす。

スポーツは真剣な遊び

　スポーツの本質は遊びであることからも、社会に絶対不可欠なものではないことはわかります。事実、自然災害や有事の際には真っ先に開催が中止されます。**なによりも重要なことだと信じて人はスポーツに打ち込み勝利をめざしますが、実はほとんどの場合、人生における成功とは関係がないささやかなもの**です。人生や社会にとっては本質的には必要ない、遊びにすぎないものといえます。

　たかがスポーツ、というわけです。

　その一方で、スポーツの本質を理解して真剣に取り組めば自分自身を大きく成長させることができるように、スポーツは価値が高いものであるのも事実です。お金や地位や名誉や人気、あるいは勝利した瞬間の喜びまで含めた成果が問題なのではなく、スポーツを通して得られる喜びや価値が重要であり、結果以上に過程こそが重要な意味をもつということを再認識しましょう。**真剣に勝ちをめざす過程に、学ぶべき本質的な価値があるものであり、私たちの人生に豊かさと成長をもたらしてくれるもの**といえます。

　されどスポーツ、というわけです。

　自分自身を鍛えて磨き、全力かつフェアに戦わなければならない一方で、それが単なる遊びでしかないというのがスポーツです。スポー

ツ自体に価値があると認めながら、一般的な物事全体の中ではそれほど重要ではない。自らに厳しく、全力でフェアに戦いながら、他者に対する寛容さと遊び心を忘れないことが大切です。

　スポーツを尊重するということは、スポーツの複雑で逆説的な構造を理解することでもあります。**スポーツを指導する際には、スポーツは競争である一方、あくまで遊びであり、遊びでありながら真剣に取り組むことによって価値の高いものになりうることをプレーヤーたちによく理解させる必要があります。**

　スポーツは「運動＋ゲーム（ルールにのっとって競争を愉しむ真剣な遊び）」です。プレーヤーは、あくまで遊びの一種であることをしっかりと理解し、その一方でなによりも重要であるかのように真剣にプレーすることが求められます。

スポーツマンシップは、このように、遊び心と真剣さの間の微妙な
バランスによって成り立っています。この二つのバランスをとること
こそが、スポーツの本質だといっても過言ではありません。

勝利至上主義と快楽至上主義

スポーツの本質ともいえる遊び心と真剣さの間の微妙なバランスに
対する理解を間違えると、以下の二つの極論が生じます。

第一の極論は、勝利至上主義です。

勝利こそが唯一絶対のものだとすると、敗北には「敗北してはいけ
ない」ことを学ぶ以外の意味がないことになります。相手は敵となり、
めざすのは敵を粉砕することに尽きます。

第二の極論は、快楽至上主義。いい換えれば、競争否定主義です。

楽しければいい、競争は悪という考え方ですから、遊びという形
式とはいえ勝者と敗者が生ずるのもよくないということになります。
勝利に大きな価値はなく、したがって才能や能力などは不要であり、
「いかに楽しめるか」のみが重要となります。

このように、**勝利至上主義は「遊び心」を捨てさせ、快楽至上主義は
「真剣さ」を排除します。**前者には「愉しみましょう」と、そして後者に
は「真剣に取り組みましょう」と伝えなければなりません。

日本スポーツマンシップ協会が唱える「スポーツは真剣な遊びであ

る」という立場から考えると、これら二つの極論は競争の本質を誤解しているといえます。

　仮に、勝利がすべてだとしましょう。

　あなたが私より優れていて負けることがわかっていたら、私はあなたと戦う必要はあるでしょうか。なぜなら敗北になんの意味もないからです。また逆に、もし私があなたより優れていてあなたが敗北からなにも得るものがないなら、私があなたを負かしたゲームは単なる時間の労費に過ぎないということになります。

　しかも、いずれにしても愉しくありません。すでに述べたように、愉しくないのならそれはすでにスポーツではないのです。

　勝利至上主義の一番の問題は、スポーツを通じて体得することができる勝利以外の重要な要素を見逃してしまうことです。それはいい映画を鑑賞しながら、結末だけを問題にするようなものです。

　逆に、勝利は無意味だと考えてみましょう。

　たしかに、完全な勝利至上主義を前にすると、競争がよくないと考えてしまう意見も理解できます。しかし、この方針で子どもたちを指導することは、ゲームや競争に対する誠実さを欠いています。もし私が勝とうが負けようがどちらでもいいと考えるなら、あるいは、いい球を投げようが悪い球を投げようがどちらでもいいなら、スポーツに

は一体どんな意味があるでしょうか。

　スポーツの豊かな価値について理解を深めることは、遊び心と真剣さのバランスをどのようにとるかにも役立ちます。バランスをとろうと努めることでスポーツマンシップを含む「勝利以外」の価値を得られ、スポーツの価値をさらに豊かにできるのです。

　このようなことは、スポーツに限った話ではありません。

　たとえば、利益至上主義の企業について考えてみましょう。「ただ稼げばいい」と経済的価値のみを追求するのは本当にいいことでしょうか。企業ですから利益を追求することは当然重要ですが、それだけではなく、社員が働きやすい組織づくりや地球環境への配慮など、さまざまな価値要素について複合的にバランスをとって社会的責任を果たしながら経営していくことが求められます。

　一方で、社員にとっては働きやすい環境だったとしても、利益を全く得られないのでは、それも決していい評価を受ける企業とはいえないでしょう。

　本書の中で「楽しむ」ではなく「愉しむ」と表しているのは、スポーツをたのしむことは決して楽な道ではなく、スポーツがもつ複雑さ、難しさを含めて愉しむことを理解してほしいからだと述べました。

　**勝利への欲望と愉しむ欲望については、どちらか一方に偏るのではな
く、そのバランスをコントロールすることが重要です。**

　勝利をめざして真剣に努力し、全力でゲームに挑むことはもちろん
重要なことですが、ゲーム中は勝利をめざしながらもフェアプレーに
徹することや、勝敗というゲームの最終的な結果が出た後は、その結
果だけにこだわるのではなく、次へのステップにつなげる意識も求め
られます。

　勝ってうれしい、負けて悔しいという気持ちがあるのは当然のこ
とですが、それを表面に出すことをいかにコントロールして、Good
LoserあるいはGood Winnerとして振る舞えるかも、自らのスポー
ツマンシップが問われ、人間力を鍛える貴重な機会となります。勝っ
ても負けても、その結果に至った原因を謙虚にあるいは真摯に受け止

め、さらなる成長や上達に向けたステップにできるかどうかが重要です。求められるのは、自律心ともいえるでしょう。

このように言葉にするのは簡単ですが、**本気で勝ちたいと向き合うからこそ、自らの心をコントロールすることは容易なことではありません。しかし、そうした複雑さや難しさも含めて、そのすべてを愉しむことこそが、スポーツマンに求められる態度なのです。**

勝利とフェアプレー

「チームの子どもたちに、『勝つことがなによりも大事なわけではない』といったら、彼らは手を抜き勝つために必死にプレーしなくなるだろう。私は子どもたちにはできるだけ競争心を植えつけたい。勝つ喜びを味わってほしいし、負けたときには悔しい気持ちをもってほしい。それはやはり、勝つことが重要だということではないか」

こう考える指導者のみなさんも多いでしょう。しかし、誤解しないでください。

スポーツをする上で、勝つことは本当に大切です。**ゲームの中心にあるのは、参加するプレーヤーが勝とうと努力することであり、その努力がなければゲームは無意味になってしまいます。**

ただし、その勝利に意味があるのは、勝利をめざして優れた競技者になろうと努力する中で、自己の能力を磨き、自分自身に関すること

が理解できるというすばらしい体験ができるからだ、ということを忘れてはいけません。

　相手を研究し、戦略を練り、あくなき執念と工夫を凝らしながら勝利をめざすプロセスも、ゲームを通して得られる重要な財産です。けれども、ただ「勝てればなにをしてもいい」という勝利至上主義でスポーツと向き合うことはもったいないことです。

　実力が拮抗している倒しがいのある強い相手が真剣に全力で立ち向かって来てくれた上で、公平なルールに基づき、公正な判定をしてくれる審判にジャッジをしてもらう。

　このように、周囲の環境が整ってはじめて私たちはスポーツを愉しむことができるわけですが、相手やルールや審判を尊重せず、欺いたりズルをしたりして勝利することが、心からうれしいことか、と胸に

手を当てて考えてみましょう。

　卑怯な手を使って勝っても、心から喜べないこと。「プレーヤー（相手・チームメイト）」「ルール」「審判」を尊重し、ゲームを尊重して全力を尽くすというフェアプレーを実践した上で勝利したときの喜びと比較すれば、雲泥の差であること。これらは、プレーヤー自身が最もよく知っているはずです。

　勝利を追求するあくなき執念と、フェアプレーを実践する潔さ。それを両立させることがスポーツマンの条件です。

ドーピングとスポーツマンシップ

　現代のスポーツにおいて避けて通ることができないテーマの一つに、ドーピングの問題があります。

　ドーピングとは、スポーツにおいて、競技力を高めるために禁止された薬物や方法などの使用およびそれを隠蔽する行為のこと。オリンピックなどの大会をはじめ、多くの競技において、世界的に定められたルールに基づき厳しく禁止されています。ドーピング検査で禁止物質が検出されれば、たとえ治療目的でその物質を使用していた場合でも制裁が科されることもあります。

　ドーピングを禁じるのは、スポーツの価値・精神の根幹に反するずるくて危険な行為だからです。

- フェアプレーの精神に反する：

  スポーツは統一したルールのもと公平に競い合うことが前提だが、ドーピングは公平性に相反する行為である。

- アスリートの健康を害する：

  ドーピングによって使用者の心身に悪影響を与える副作用が確認されており、競技者等の安全や健康を守る必要がある。

- 反社会的行為である：

  子どもたちの憧れであり、社会における見本となるべきアスリートのドーピングは、社会や青少年に悪影響をおよぼす。

　ドーピングをした結果、勝利しても本当に心から喜べるでしょうか。ドーピングは競技の愉しみや厳しさを奪い、結果としてスポーツの価値を損なうため禁じられているのです。ドーピングはスポーツそのものに対する尊重を欠く行為だといえるでしょう。

　2017年9月、カヌー・スプリント競技の日本選手権に出場した小松正治選手が競技後のドーピング検査で陽性反応を示して失格となり資格停止処分を受けました。しかしその後、日本カヌー連盟が調査を進めたところ、ライバル選手が小松選手の飲料ボトルに禁止薬物である筋肉増強剤を混入させたことを名乗り出て、冤罪が明らかになったと

いう事件がありました。日本代表争いの中で勝利至上主義に追い詰められ、自らの欲望を求めるがあまり他のプレーヤーを貶めようとした行為は、スポーツマンシップに反する残念な出来事でした。

　トップアスリートになればなるほど、こうしたトラブルに巻き込まれないように、自らが摂取するものに対して慎重に自己管理を心がけることが求められます。また、日々新たなサプリメントなどの開発も進む中でドーピングルールも変化し続けている現状をふまえると、無知ゆえのうっかりミスなどによる禁止薬物の摂取を防ぐという意味も含めて、ドーピングや栄養学などに関する知識を身につけていく必要性は、今後ますます高まっていきそうです。

スポーツにつきまとう二律背反的な複雑さ

　スポーツで重要なのは、行動そのものです。

「こうしようと思っていたんです」

「私も同じように考えていました」

　頭の中で「思っている」「考えている」という時点では、その考えていることすら誰も知り得ません。頭の中にあることを言語化して発信し、行動化してはじめて、思考や概念として成立するのです。

　スポーツのプレーは、頭の中で考えたことを具体的な行動に移すことで実現します。このようにプレーを繰り返すことで、ゲームは進ん

でいきます。すなわち、**スポーツは思考や概念を行動化することの大切さを学ぶソフト**であるともいえます。

勝利至上主義と快楽至上主義のせめぎ合い。

真剣に勝利をめざすが、所詮は遊びである。

勝利はめざしつつも、フェアに戦うべき。

勝って驕らず、負けて腐らず。

敗北は悲しいが、Good Loser として勝者を称えるべき。

勝利はうれしいが、Good Winner として敗者を慮るべき。

他者を尊重する利他の精神と、徹底的に自己研鑽する利己の追求。

スポーツは一見単純な身体活動でありながら、考えれば考えるほど、**決して両立し得ないような二律背反的なパラドクスがつきまとう複**

雑なものだとわかります。考えれば考えるほど、難題に立ち向かっていることに気づくはずです。

　スポーツにおける行動目標のスタートは、勝利、卓越、上達、成長などに対して全力を尽くすということです。

　しかし、勝利をめざして愉しむという行動を突きつめていくと、その欲望によって敗北というリスクが生じるという二律背反に向き合わざるを得なくなります（勝利をめざしてゲームをしなければ敗北しなくて済むわけですから）。

　次に、新たな行動目標として、敗北、失敗という挫折や悔しさと向き合ったときの美しき振る舞いが求められることになります。勝利した場合の敗者を慮る美しき振る舞いも必要になるでしょう。つまり、**Good Loser であり Good Winner であれ**、ということです。

　全力で勝利をめざしながらも、すべての結果を受け入れてスポーツマンらしく振る舞う覚悟をしなければならないという新たな二律背反に向き合わざるを得なくなるわけです。

　繰り返しになりますが、このように、スポーツにはつねに二律背反的な複雑さがつきまといます。こうして考えると、スポーツを通じて学ぶ本質的価値は、欲望と行動結果に対して自らを律するバランス感覚であり、それこそがスポーツマンシップの本質だといえるかもしれません。

こうしてスポーツと向き合うことを通して得られる代表的なものとしても、以下の3つが考えられます。

- 筋力、技術、内臓、健康などの屈強で強靭な肉体的優位性
- 歴史的背景・科学的理論・スポーツの構造を知ることなどによる知識・教養
- スポーツという行動を通して学ぶ人間力や精神性

　スポーツマンシップはこの3つ目に当たります。スポーツマンに求められる気持ちである尊重、勇気、覚悟などの精神は、生きるために求められる清廉さ、自律心、多様性への寛容などに通じていきます。

　スポーツマンシップの精神が中核となり、自らに克ち、ゲームに勝つために自己研鑽する覚悟が備わることで、私たちは多様な知識や教養、強靭で健康な肉体を手に入れる喜びを実感することができます。スポーツマンシップが、スポーツを通して高めることができる3つの力を育む重要な推進力になるわけです。

　スポーツを通して身につけるべきものを考えると、勝敗そのものは本当に小さなものであり、勝敗を超えた大局観を身につけることがより重要であることに気づかされます。

スポーツマンシップという
哲学を理解する

　早稲田大学国際教養学部名誉教授で哲学者の竹田青嗣氏は、哲学とは「自分で考える方法」、とくに「自分自身について自分で考える方法」だと述べています。

　太古の昔から、多くの哲学者たちが「自分とは何者か」を突き詰めようとしてきました。そして、それを知るために「人間とはなにか」「世界とはなにか」「死んだらどうなるのか」「生きるのはなぜか」と考えられてきた歴史があります。

　このような哲学と似ているものに、宗教があります。宗教の世界では、人間が生きる上で最も大事とする絶対的な「真理」を知る教祖がいて、教祖自身やその言葉の中に真理があると信じる信者たちが集い、その真理を求め合うという構造になっています。

　宗教の教義が「神話＝物語」で成り立っているのに対して、哲学は「概念」と「原理」で示されます。

　最初の哲学者といわれるギリシャ人はタレスです。タレスは「万物の原理は水である」と主張しました。水素原子が最も単純な原子であるとされていますが、世界のあらゆるものが「水」という単純な構造のものから成り、世界は原子で成り立っているというのです。

　一方、タレスの弟子のアナクシマンドロスは「無限なもの」から成り立つといい、もう一人の弟子のアナクシメネスは「空気」から成り立つといいました。哲学で重要となる「原理」は、宗教における真理と異なり、より合理的な説明がつくものが見つかれば誰でも提案できるのが特徴です。

　あるいは、ソクラテスが議論をしかけると、ソフィストたちが詭

弁を使って出した結論に人々が喝采をあげる。これに再びソクラテスが反論し、人々はそれにまた共感する。

このように、哲学は「本質や原理を探す言語ゲーム」のようなもの。本質を見つけることとは、絶対的な解を導くことではなく、全員にとって「そう理解したほうがいいのではないか」という共通了解を導くことといえるのかもしれません。

ここで、もう一度、スポーツに立ち返って考えてみましょう。

「勝利至上主義と快楽至上主義」や「利己主義と利他主義」のように双方の両立を求めるパラドクスとどのように折り合うか、は難しい問題です。

勝利をめざして真剣に必死で戦うことは大切ですが、それが所詮は人生にとってとるに足らない遊びであることを忘れてはいけません。相手と憎しみ合うようなことはなく、敗北した際にはGood Loserとしての振る舞いを、勝利した先にもGood Winnerとしての振る舞いが求められます。真剣な遊びを心の底から愉しむことを忘れず、同時に、最大の喜びである勝利をするために過酷なトレーニングと向き合い乗り越えることを要求します。

決して理解し合うことのできない他者を理解しようと尊重することは、いうほど簡単なことではありません。

そして、そうした他者に対する気持ちや、自分の内なる欲望に流されそうになる自らに対する自制心など、自らをコントロールすることも非常に難しいことだといえるでしょう。

スポーツと真剣に向き合うためには、非常に高いレベルの精神的自律心と肉体的自己鍛錬が求められるのです。

2019年に引退を表明したイチロー選手は、哲学的なメッセージをいくつも残しています。

「自分なりに、つねに悔しい思いと向き合ってきた実感があるので、誇れるとしたらそこじゃないかと思います」

「自分の中でちょっと頑張る。それを続けていくと、将来思ってもいなかった自分になっている」

「できると思ったことが、必ずできるとは限りません。だけど、自分からできないと思ったら、絶対にできません。可能性をやる前から決めないでほしいです」

「泰然という状態は、自分がプレーヤーとしても人間としてもつねにそうありたかったんです。めざすべき状態ではあったので、そういう自分に出会えたことは、とてもうれしかったです」

「自分が熱中できるもの、夢中になれるものを見つければ、それに向かってエネルギーを注げるので、そういうものを早く見つけてほしいと思います。それが見つかれば、自分の前に立ちはだかる壁にも、壁に向かっていくことができると思うんです」

一朝一夕にして強くなれることもなければ、勝利できるわけでもありません。

苦しみや困難から目をそらすことなく向き合うこと。他人に対して寛容に、そして、自分に対して厳しく律して取り組むこと。

それこそがスポーツマンになるための唯一の道といえるのかもしれません。

古代ギリシャの哲学者で、ソクラテスの弟子であるプラトンは、「自分に打ち克つことが、最も偉大な勝利である」といっています。

そして、プラトンの弟子であるアリストテレスも「敵を倒した者より、自分の欲望を克服した者を勇者と見る。自分に克つことこそ、最も難しいことだからだ」という言葉を残しています。

現代社会が抱えるさまざまな矛盾と向き合い、それを乗り越えていくためにも、尊重、勇気、覚悟の精神に代表される「スポーツマンシップ」という原理原則を大切にして、よきスポーツマン、よきビジネスパーソンを育てていくことが必要なのではないでしょうか。

すべてはプレーヤーのために

若きプレーヤーをスポーツマンシップで導く。
未来を拓くために、今に満足せず学び続けよう。

スポーツマンシップを学ぶ意味

なぜ、スポーツマンシップを学ぶ必要があるのでしょうか。

またなぜ、子どもたちにスポーツマンシップを教える必要があるのでしょうか。

ここまで述べてきたように、スポーツマンシップはスポーツの本質であり、スポーツの根本的価値だといえます。

しかし、言葉自体は馴染み深いものの、その理解が全く不十分なのは問題です。理解しないままで、「スポーツマンシップにのっとる」ことは不可能であり、ましてやそれを宣言するのは不健全です。また、そもそもスポーツを愉しむための意味と精神を知らないまま、スポーツしていることももったいないことだといえます。スポーツに関わる人は、スポーツの価値を正しく理解する必要があるでしょう。

スポーツマンシップは、スポーツマンがとるべき最も基本的な態度であり、人格的な総合力です。スポーツマンシップを実践する上で、私たちすべてが有限の人間で、その可能性にも限りがあるという点を知りましょう。しかし、スポーツを通じて、自らに磨きをかけることで、自分に克ち、大きく成長することもたしかです。

まずは、あるがままの自分を理解することからはじめましょう。そうしてはじめて人格を磨くためのスタートラインに立てます。

スポーツマンシップを否定する指導者もいます。

サッカースクールや少年野球チームなどでも、子どもたちに頭ごなしに指示を出し、「なんでいったとおりにできないんだ！」と怒鳴っているコーチを目にしたことはないでしょうか。子どもたちを尊重せず、彼らが自ら考える力を奪っていることが、その指導者には理解できていないのかもしれません。

たとえばTV中継の中で「今のはいいファウルですね」と表現する解説者も見受けます。しかし、これも番組を見ている子どもたちへの影響を考えればあまりにも無頓着といえます。こうした鈍感さが「スポーツマンシップの軽視」につながっているのです。

2011年の東日本大震災で問題視されたのが、人災という点でした。人災に対応する唯一の方法は「教育」です。従来の教育システムでは人災に対応できる人間教育が不十分なように感じます。

繰り返しになりますが、現在のスポーツは、19世紀にヴィクトリア朝イングランドのパブリックスクールで、リーダー教育をするための教育ソフトとして開発されたものが原型です。その後、スポーツは今日の形に変化し発展してきました。

　スポーツは本来、社会的な能力を身につけるための教育ソフトであり、「尊重」「勇気」「覚悟」をはじめ、「フェア」「正義」「誠実」「判断」「決断」「全力」「努力」「明朗」「責任」「謙虚」「忍耐」「同情」「親切」「協働」「友情」……などなど、社会で必要とされるさまざまな能力を育てます。

　リーダーシップの重要性が、さまざまな場面で語られるようになりました。しかし、日本において具体的なリーダーシップを育むための特別な教育は行われていません。リーダーシップ教育がされないことは、社会的に大きなリスクだといえます。

　非常時におけるトップの対応には、「尊重」「勇気」「覚悟」「決断」「実行」「責任」「信頼」など多様で複合的な資質が求められます。これがまさにリーダーシップです。欧米先進国の多くの首相や大統領がスポーツ経験者であるように、**リーダーシップをスポーツで学ぶことは国際的な常識になりつつあります。**

　リーダーシップが理解されていないと、リーダーが出現しにくくなります。「出る杭は打たれる」という言葉に代表されるように、突出が疎ましがられ、同一性を強制する雰囲気が生まれます。

実際に、「KY(空気が読めない)」という言葉があることが、今でも日本では空気が社会を支配しがちであることを証明していますし、空気を読んで忖度するケースが散見されます。

よき「リーダー」が活躍するには、リーダーシップを理解したよき「フォロワー」も必要です。 リーダーの独断のみで無理に通そうとすると、リーダーは専制的な色彩を帯びることになってしまいます。

スポーツマンシップ教育の意味

スポーツマンシップを子どもたちに教えることは大切です。しかし、それは「スポーツマンらしくするためにはどうすべきか」という行動方法をいちいち細かく教えるべきということではありません。あらゆる場面におけるすべての言動を逐一教え込むことは不可能ですし、そもそも唯一無二の正解となる行動があるわけではありません。たとえば、国民全員がいわれるがまま同じ行動をとるのは、決してスポーツマンらしいとはいえないでしょう。

重要なのは、原理原則を教えることです。

そして、どのように考えるとその原理原則にのっとった振る舞いとなりえるのか、自分なりに考えるための前提を理解してもらうことが大切です。

よき人格を身につけるための修練をするには、トレーニングと同様

に正しい判断力が要求されます。

　スポーツを実際に行う立場から最初に突き当たる問題は、ある特定の状況下において、「スポーツマンシップにのっとった正しい振る舞い」を一元的に規定するのは、大変困難だということです。

　たとえば、ゲーム中に自分に対して何度も汚いプレーを繰り返してきた相手に対して、どんな対応をするのがいいでしょうか。自分はその相手を尊重しようとしていることや、ゲームに対して真摯に向き合ってくれる相手を必要としているという意思表示は、どのようにコミュニケーションすべきなのでしょうか。

　このように、一筋縄ではいかない状況になっても、スポーツマンらしく振る舞うためにはどうすべきか考え、議論する習慣をつけることが、スポーツマンシップに対する意識を高めていくことへとつながるはずです。

　また、議論するために**事例を示すことは、若いプレーヤーがスポーツマンシップを現実的に理解する上で大変役立ちます**。英雄的な行為や、逆に非難されるべき行為についてのわかりやすい実例を示し、理解を深めましょう。

　もちろん、中には、評価が分かれる難しい事例もあります。

　原理原則にのっとって判断することが困難だからといって、それを放棄していいということではありません。状況が単純でなく解決困難で

あるように見えるときこそ、原理原則に立ち戻り、慎重に考え議論を尽くす必要があります。

スポーツマンシップで強くなる

　競技力を高めるためには、精神的な強さ、とくに「勇気」や「覚悟」といった克己心や自律心の向上が重要です。また、ともに競い合える他者の存在に感謝し「尊重」することも重要です。**スポーツマンシップを理解し習慣的に実践している人は、自らの能力を相手と比較しながら自らの欠落を謙虚に自覚し、真摯に努力することができます。**

　他者に寛容でありながら、自らには厳しく向き合い、やれといわれたからやるのではなく、自ら判断し実践することを身につけ、最後まで気を抜かず自律心をもってやり抜く選手がより強く育つことは明らかです。実際に、世界で活躍するトップアスリートの多くは、スポーツマンシップを備えた人物だと考えられます。

　さらに重要なのは、スポーツでは、つねに他者との関係が生ずるため、人間関係に関する判断力を向上させる場になるということです。単に自分が強いのかあるいは弱いのかだけではなく、相手やチームメイトとの関係性で長所や短所を具体的に把握します。相手と比較して優位になるために、的確な判断が求められます。

　たとえば、自分のテニススタイルで一番得意なショットはフォアハ

ンドだったとします。しかし、もし相手のフォアハンドのほうが一枚上手だったとしたら、バックハンドで戦いを挑むほうがいいと考えることもあるでしょう。しかし、その作戦に対して相手もそれをさらに上回ろうと工夫してくるはずです。勝つための可能性を模索していくと、双方のプレーに大きな影響を与えます。

このように、**相手のパフォーマンスと才能を知れば知るほど、相手の努力や能力を認められるようになり、相手を尊重する**ことができるようになるはずです。

チームスポーツの場合、チームメイトと自分のパフォーマンスを合わせて、チーム力を高めようとします。

たとえば、ぎこちないシュートしか打てないバスケットボールプレーヤーなら、シュートのうまいチームメイトのためにボールを拾いまくることに専念したほうがいいかもしれません。チームがうまく機能すれば、個々のプレーヤーの能力を足した総和以上に、チーム全体

のパフォーマンスが高くなるという不思議さも理解しましょう。

　繰り返しになりますが、スポーツは遊びです。遊びである以上、自らが愉しむことが条件になります。勝利をめざして、自らベストを尽くすことが求められます。

　勝利のために、ゲームで全力を尽くす。

　勝利のために、苦しい練習も手を抜かずにやり抜く。

　すべては自分が喜びを得るために、自ら選択して挑むことです。

　スポーツマンには、「**自ら愉しむ。その愉しみのために、自らを律し苦しい試練すらも耐え抜く**」という覚悟が求められます。そのような覚悟を備えた人がより強くなることは明らかなはずです。

　日本スポーツマンシップ協会では、競技団体などからご依頼をいただきスポーツマンシップの勉強会を実施しています。あるプロスポーツチームを対象とした勉強会後に「スポーツマンシップを理解し、実践するとさらに強くなると思うか」というアンケートを行ったところ、参加したプロ選手全員が「強くなると思う」と回答しました。

　自らを高めるために日々精進し、ゲームでは勝利に向けて全力を尽くしてプレーする。そしてゲームを終えれば、対戦相手と健闘を称え合い、自己の欠落を見つめ直して再び努力する。

　このように、スポーツマンシップを理解し、実践することは、個人やチームを強化する上でもきっと大きな力になることでしょう。

言葉が人を育てる

　スポーツはかつて、勝敗の結果を競うこと以上に、いかにジェントルマン（紳士）らしく振る舞ったか、いかにスポーツマンらしく振る舞ったかが問われていたと述べました。しかし、スポーツが大衆化するにしたがって、より勝敗の結果が重視されるようになったり、さらにその後プロ化が進み、勝敗の意味合いがますます大きくなったりすることで、スポーツにおいて本来求められていた倫理的な側面は最優先事項とはならなくなっていきました。

　結果的に、スポーツにおける人格形成の側面が長い間軽視されがちになってきてしまったのは残念なことです。しかし、スポーツマンシップに対する関心が高まっている今こそ、道徳的概念を再び言葉にし、実践できるように導いていくことが重要です。

　2020年のオリンピック東京開催も、オリンピズムやスポーツマンシップの意義を考え直し理解を深めるいい機会となるはずです。

　「スポーツを通して心身を向上させ、さらには文化・国籍など様々な差異を超え、友情、連帯感、フェアプレーの精神をもって理解し合うことで、平和でよりよい世界の実現に貢献する」

　このオリンピズムこそが、オリンピックを支える伝統的な理念。スポーツの本質について考えることは、4年ごとに開かれるオリンピッ

クの起源ともつながります。**多くの国民がオリンピズムやスポーツマンシップを理解することで、スポーツ界のみならず日本社会や国際社会に対していい影響をもたらすことも期待できるでしょう。**

　スポーツ界のスーパースターの多くが、人格的にもすばらしいお手本になっているのは、決して単なる偶然ではありません。ここでいうすばらしい人格とはなにかといえば、人によって意見はさまざまでしょうし、美徳と考えられることをここですべて挙げることはできませんが、スポーツを真剣に突き詰めていけば、やはり人格的なものが要求されます。もちろん、スポーツの場に限ったものではありません。教室、家庭、テレビ番組……あらゆる場面で人は成長することができますが、**なによりも実践的であるスポーツが、人格形成において重要な役割を果たす場となりうることはたしかです。**

　どのように練習するか、ゲームをどのように考えるか、原則に関して生じた問題にどのように対処するのか、これらすべての場面であなたはどのような人格を評価するでしょうか。

　「怠慢なプレーヤー」

　「相手に侮辱的な言葉を放つプレーヤー」

　「努力は人一倍するのに成果は今一つというプレーヤー」

　それぞれにどう対応するかで、そのコーチがどのような人格を評価するのか、子どもたちにどのようになってほしいかが伝わります。

かといってコーチは、自動車を改造するように人を成長させられるわけではありません。

指導する上で忘れてならないのは、子どもたちの運動能力や技術などに注目するだけでなく、個々人の人格についても注目し、**よく生きる上で不可欠な要素を適切に指導しなければならない**ということです。

スポーツマンシップ＝ビジネスパーソンシップ

私たちはどのような人間なのか、どのように生きるのか、そして子どもたちはどのように育っていくのか。スポーツマンシップはそれを問題にしています。他人を尊重し、勇気を奮い、覚悟をもち、公正で、誠実で、謙虚で、賢く、責任感をもっている人のほうが、そうでない人より信頼できるはずです。

スポーツマンシップという美徳には、汎用性があります。好ましい品格は試合に勝つためにも、友情を築くためにも、ビジネスを行う上でも役立ちます。他人を尊重し、勇気を奮い、覚悟をもち、公正で、誠実で、謙虚で、賢く、責任感をもって仕事をするビジネスパーソンは、その人格と仕事ぶりが認められ、クライアントや仲間から信頼を集めることでしょう。つまり、**スポーツマンシップとはビジネスパーソンシップともいい換えることができる**のです。

スポーツは「ルールや慣習などに基づきよいゲームをめざし競う身

体活動」であり、スポーツマン（Good Fellow）は「プレーヤー、審判、ルールを尊重できる」「自ら覚悟して試合や練習に取り組める」「勇気をもってチャレンジ・行動できる」「敗北を認め、勝者を称え、努力できる」人だということはこれまでにも述べてきたとおりです。

　一方、ビジネスが「法律や商慣習などに基づきよい社会をめざし競う経済活動」であり、信頼されるビジネスパーソンは「周りの人・ルール・モラルを尊重できる」「自ら覚悟して仕事や生活に取り組める」「勇気をもってチャレンジ・行動できる」「失敗を認め、成功者を称え、努力できる」人だと考えれば、スポーツマンシップは、まさにビジネスパーソンシップだといっていいでしょう。

信頼されるビジネスパーソン

周りの人・ルール・モラルを尊重できる

自ら覚悟して仕事に取り組める

勇気をもってチャレンジ・行動できる

失敗を認め成功者を称え努力できる

　スポーツマンシップを実践することは、自分自身を高めることになり、周囲からの信頼を得ることへとつながります。**スポーツマンシッ**

プと向き合い、スポーツマンをめざすこと自体が、自分自身への褒美だともいえるのです。

なぜ、体罰がいけないのか

　子ども思いで、情熱的で、勝利することに貪欲な指導者ほど、体罰の罠にはまりやすいといえるかもしれません。

　「自分のいうことを聞いていれば、勝たせてあげられる」

　「勝ちたいなら、自分を信じろ」

　「そんな態度で、本当に勝てると思っているのか」

　そんな思いで子どもたちと向き合う指導者や保護者も少なくないはずです。しかし、「勝ちたい」「勝たせたい」という気持ちは、子どもたちの思い以上に、大人のプライドやエゴになっていないでしょうか。

　子どもを思う情熱にあふれ、勝利という欲望を重視しすぎるがあまり、大人は自分の主張や価値観を子どもたちに押しつけてしまいがちです。そして、そんなエゴや勘違いの正義感は、高圧的な態度や体罰に結びつきやすいのです。

　2012年、大阪市立高校の男子生徒が自殺をしたという事件が話題になりました。所属していたバスケットボール部の顧問から日常的に体罰を受けていたことや、主将としての責任の重さに悩む内容の遺書

186

と、渡せないままになっていた顧問宛の手紙を残しており、遺書には「ほかの生徒も同じミスをしているが、自分だけがたたかれる。つらい」などと書かれていたといいます。それだけではなく、他の部活動での体罰も確認され、体罰を容認する雰囲気があったことや隠蔽があった疑いなどが報じられ、大きな問題となりました。

　現在では、「体罰は悪いこと」というのが共通認識になりつつありますが、「ときと場合と程度によっては体罰も効果的」という声も少なくないのが事実です。実際に、体罰や暴力はなかなかなくなりません。物理的な暴力に限らず、パワーハラスメントのような言葉の暴力など、表面化していないものも含めればかなり多く残っているのかもしれないと感じます。

　2019年、サッカーJリーグのチーム内で、悪質なパワーハラスメント行為が明らかになったことを受け、監督が退任する出来事がありました。日本サッカー協会に匿名の通報があり、Jリーグが依頼した弁護士らによる第三者機関が調査した結果、パワハラが認定されました。報告書の中で、スタッフや選手らに対する暴言や暴力行為などが明らかになり、一連の振る舞いが「相手の人格・尊厳を傷つけ、周囲にも精神的苦痛を与えて職場環境を悪化させる行為」であると認定し、クラブとリーグに厳正な措置と再発防止を求めることになりました。

一方で、このような話題に注目が集まり、コンプライアンス(法令遵守)への意識が高まりを見せる現代においては、息苦しさを感じているという指導者の方も少なくないでしょう。

　「コンプライアンスにうるさい時代となり、指導者は息苦しい」

　「ゲンコツ一つで、監督と選手が通じ合えた昔はよかった」

　「あの先生の鉄拳制裁があったから、僕は目が覚めた」

　「厳しい指導のおかげで成長した。ありがたい指導だった」

　このような声もよく耳にします。

　体罰を経験してきた指導者ほど、体罰を容認しがちです。一時の成功体験にとらわれるがばかりに、自分が指導する立場になった際、同じ誤った手法に頼ってしまうことになります。それが、今日でもスポーツ界に体罰がなくならない原因といえるかもしれません。

　「何度いってもわからない子どもに、少々の体罰は仕方ない」

　「大切なことに気づいてほしいからこその愛のムチ。痛みを感じてもらうことで理解してもらうんです」

　そう主張する指導者もいるかもしれません。しかし、考えてみてください。子どもに理解できるように説明するのが、指導者の役割です。**何度いってもわかってもらえないことを、子どもの理解力に問題があると責任転嫁するのではなく、指導者側の伝える力が不足していることを自覚し、反省すべきではないでしょうか。**

「なぜ、自分の言葉を理解してもらえないのか」

「子どもたちができないのはなぜだろう」

　プレーヤーを尊重し、プレーヤーの気持ちを理解し、プレーヤーの立場になって質問して答えを引き出せるように努めることが大切です。そうした努力を十分にせずして、**プレーヤーに対して暴力で解決しようとするのは、指導者のわがままであり、弱さだといえます。**

　逆に、自らは体罰を受けた経験がないけれども、体罰を許容したほうがいいのではないかと思っている人は、おそらく皆無でしょう。どこかで、悪しきスパイラルを断ち切らねばなりません。

　そのためには、大人である私たちが、**自らが受けてきた指導に対して、そして自分自身について疑い、自己否定できる勇気をもつことが第一歩になります。**競技や立場を超えて、体罰、暴力、パワハラを断絶する覚悟が、今私たちに求められているのです。

指導者に求められる学び続ける姿勢

　2010年から2015年までウルグアイ大統領を務めたホセ・ムヒカ氏は、「世界一貧しい大統領」と呼ばれました。彼は、「大統領は多数派が選ぶのだから、多数の人と同じ生活をしなければいけない。国を治める者の生活は、その国の平均でなければならない」といい、一国の最高権力者でありながら月給の9割をチャリティに寄付して質素な暮らしを続けたといいます。

　そのムヒカ氏は、大統領を退いた後に夢を問われると「私がいなくなったときに、他の人の運命を変えるような若い子たちが残るように貢献したい」と答え、こう続けました。「本当のリーダーとは、多くの事柄を成し遂げる人ではなく、自分をはるかに超えるような人材を残す人だと思う」

自分をはるかに超える人材とは、「自分が出した結果をはるかに超える結果を出す人材」だけではなく、「はるかに超える人柄を誇る人材」もそうですし、その人材をまた「はるかに超えていく人材を育てていくことができる人材」ということでもあります。

　スポーツにしても、ビジネスにしても、私たちが向き合うことにはなにか一つの「正解」がないことのほうが多いものです。だからこそ、価値観の異なる他者との間で丁寧なコミュニケーションをとりながら、「納得解」を探していくことが大事になります。これは、子どもと向き合うときでも同じことです。

　自分の経験則に基づき、自らの視野のみで、子どもたちと向き合う指導者の姿勢で、本当に自分をはるかに超えるような人材を育てていくことができるでしょうか。

　「自分ではなかなかできないことかもしれないけれど、自分としてはぜひ身につけてほしい」と思うことは、自身の能力不足について勇気をもってさらけ出してでも伝えていくこと。それが、結果としてよき指導に必要であることは理解できると思います。

　「学ぶことをやめたら、教えることをやめなければならない」

　これは、サッカーのフランス元代表監督、ロジェ・ルメール氏の言葉です。これはスポーツのコーチに限らず、教員、保護者、経営者、上司、先輩など、未来ある若者たちと向き合う人であれば誰にでも当

191

てはまることだと思います。

　また、日本サッカー界初の外国人コーチであり、「日本サッカーの
父」と称されたドイツのサッカー指導者、故デットマール・クラマー氏
は「サッカーは少年を大人にし、大人を紳士にする」という名言を残し
ています。本書の読者のみなさんであれば、この言葉がサッカーや男
性だけに限った話でないことはご理解いただけるでしょう。

スポーツは、子どもを大人にし、大人を紳士・淑女にする。

　このように胸に留めて、私たちはスポーツと向き合うことが大切で
す。スポーツを通して子どもの未来を預かっていることを忘れること
なく、そして私たち自身がよりよきスポーツマンになれるように成長
していかなくてはなりません。

　謙虚に自らを疑い、自信をもてるように学び続け、自らを鍛え上げ
ていくことを怠らない。その上で、教え育てる(教育)のではなく、と
もに育む(共育)という姿勢が重要だと考えています。絶対的な正解が
ないからこそ、子ども・選手を尊重し、彼らから学ぶ気持ちを忘れず、
同じ方向を向いて「ともに成長していく」という姿勢です。つねに彼ら
に寄り添い、学び続ける努力を重ねることが、よき指導者へと進化し
ていく唯一の道といえるのかもしれません。

「Good」に込められた倫理観

Good Fellow、Good Loser、Good Winner、Good Game……。

本書の中では多くの「Good」が出てきました。**Goodの中には、単に「いい」ということではなく、私たちが大切にすべき「よき」という倫理観が含まれています。**

スポーツマンシップを発揮することやスポーツマンらしさには、唯一無二の正解があるわけでもないですし、こう振る舞わなくてはいけないという決まりを押しつけるということでもありません。

最も重要なことは、スポーツマンシップの原理原則を理解した上で、「どのように振る舞うことがかっこいいのか」「なぜそれがいいと思うのか」を考えて自ら行動することです。このように行動できることが、「Good」な人間性へと結びついていきます。

Good Playerを育てるGood Coach、Good Teacher、Good Parents……。

私たち全員がGoodな人になることによって、Good Team、Good Sports、さらにはGood Societyが実現していくことになるのです。

第10章　すべてはプレーヤーのために

未来を担う指導者の責任

2019年1月25日、プロ野球・横浜DeNAベイスターズの筒香嘉智選手が、「Changing the Future of Japanese Baseball（日本球界の未来を変える）」をテーマに、日本外国特派員協会で記者会見を開きました。

会見の中で筒香選手は「指導者の罵声、暴言……。子どもたちができないのは当たり前なのに、子どもたちができないことに対していらだっている。スポーツマンは、対戦チームや仲間に敬意を払い、お互いリスペクトし合う。信頼関係が生まれて、子どもたちは成長していく。スポーツの価値をみんなで高めていく行動が必要」と語り、新聞社が主催する甲子園大会についても以下のように指摘しました。

「高校の部活に大きなお金が動い たり、教育の場といいながらドラマのようなことをつくったりすることもある。新聞社が高校野球を主催しているので……。高校野球のすべてを否定しているわけではないが、子どもたちのためになっていないという思いをなかなか伝えきれていない」

「勝つことを否定しているわけではないが、勝つことが第一に優先され、子どもの将来がつぶれてしまっている現状がある」

「子どもたちを守るためには、一発勝負のトーナメント制をやめてリーグ制を導入したり、球数制限や練習時間を決めたりしたりする必要がある」

筒香選手は、高校野球のあり方やその指導法などについて、変化すべきだと訴えました。高校野球のあり方や若い世代の指導に関し

て、現役プレーヤーが公に言及するケースは極めて稀だといえます。

高校野球に代表されるように、トーナメント方式は負けたら終わりの一発勝負です。それゆえのドラマも生まれやすい一方で、必然的に「勝利こそがすべて」という勝利至上主義になりがちです。

しかしながら、トーナメント方式の大会で最後まで勝利するのは唯一優勝者だけです。それ以外は負けて大会を終えることになります。いい換えればそれは、敗北を迎えるために勝ち進む構造ともいえるのです。

指導者にとって、勝利することのみが最も重要ならば、優勝した一人の指導者以外は価値が低い指導者ということになります。

本当にそうでしょうか。

勝利をめざして全力を尽くすことはスポーツマンに求められる大変重要な要素ですが、結果だけがスポーツの価値のすべてではないことはこれまでも繰り返し述べてきたとおりです。それどころか、勝利したとき以上に、敗北した際

に学ぶことの多さや大きさを私たちは知っているはずです。指導者の役割として、全力で勝利をめざすことを促しながら、試合に敗れたときの振る舞い方など「敗北からいかに学ぶか」をプレーヤーとともに考えることがより重要なのかもしれません。

ゲームの主役であるプレーヤーたちが、スポーツを心から真剣に愉しむことができるのか。そこは、指導者が注力すべきポイントです。一つひとつの采配やプレーヤーとの向き合い方については、唯一無二の正解があるわけではありません。それぞれ個別の事象に応じて判断すべきだと思いますが、その判断が「プレーヤーにとって幸せかどうか」をつねに考えることが指導者の責務だといえるでしょう。

一方、プレーヤーの立場で考えると、いわゆる「プレーヤーズファースト」という言葉どおりプレーヤー側が「プレーヤーを大切にすべき」とふんぞり返って偉そうにしてしまっていてはいけません。相手、ルール、審判、そして、指

導者を尊重しながら、自分を磨くために必要な要素を謙虚に追求し続ける姿勢が求められます。

このように、指導者とプレーヤーは互いに尊重し合う関係であるべきです。それは決して、指導者がプレーヤーを甘やかすわけでもなければ、プレーヤーが指導者に敬意を払わなくていいというわけでもありません。

指導者の都合や思想を上意下達で押しつけるのではなく、プレーヤーを見つめ、思いや考えを引き出しながら成長へと導いていく。相手の価値観や考えに耳を傾け、自分の主張も勇気をもって相手に伝える。あきらめることなく、丁寧にコミュニケーションをとり続けることが大切なのです。

宮本恒靖、稲本潤一、宇佐美貴史といったサッカー日本代表に選出されたプレーヤーたちを指導してきた上野山信行氏は、彼ら一流選手に共通する点として、傑出したテクニックや優れた身体能力をもっているが、それ以上に顕著なのはみな「考え抜く力」があること

だと指摘します。彼らは、問題が起きたときに自分で考えて問題を解決し、それを糧に一回り大きくなったというのです。

上野山氏は、子どもたちに対して、「答えを与えず、問いかけのみを与え、その問いかけによって気づかせること」が重要だと話します。サッカーをはじめとするさまざまなスポーツにおいてプレーのほとんどに正解はなく、それゆえプレーヤーが自分自身で考えることが大切だというわけです。

この考え方は、スポーツはもちろん、教育に関するすべての場面で共通することではないでしょうか。

筒香選手が、冒頭に紹介した会見の中で「野球を通じて今後の人生に生かさなければ、子どもたちのためにならないですし、野球をやる意味はないと思います」と口にしたように、プレーヤーのみなさんには人生に大切なことをスポーツから数多く学んでほしいものです。指導者とプレーヤーが互いを大切に信頼し尊重し合うこと、それがその第一歩になると思うのです。

指導する際に心がけるべきキーワード集

ここでは、本書にも何度も登場する、指導する際に心がけるべきキーワード集を11項目紹介します。これらのキーワードをつねに意識して指導の現場に生かしていただければ幸いです。

【尊重】

相手、仲間、ルール、審判に対する「尊重＝Respect」は、スポーツマンシップ教育に欠かすことのできない根幹となる要素の一つです。「自分以外のものを許容し、大切に思うこと」であり、スポーツを愉しむために重要な「フェアプレー」の精神とも深く結びつきます。

十人十色といいますが、人の個性はそれぞれであり、その個性を伸ばしていくことも指導者の腕の見せどころです。指導者の経験に基づく価値観を押しつけることが、その個性を消してしまうことにもなりかねません。自分の意見を押しつけるのではなく、相手の声に耳を傾け、その考え方を寛容に受け入れることが大事です。

ここで注意が必要なのは、「尊敬」のように上下関係を生じる関係性ではなく、「尊重」や「敬意」は「対等な立場で大切に思い合う」こと。下の立場の人間が上に上がって対等な立場になろうとするのは「生意気」と判断されがちで現実的ではないので、上の立場の人間が下の立場へと視線を下げて、同じ目線の高さで大切に思い合うことです。

指導者が正解を与えるティーチングだけでなく、指導を受ける側が自ら思考し答えを導き出していくためのコーチングを実現する上でも、監督と選手、コーチとプレーヤー、先生と生徒、上司と部下……などさまざまな関係の中で、尊重関係をもてるかどうかが重要であることを理解しましょう。

【勇気】

スポーツに取り組む上で、スポーツマンシップを実践していく上で、「思考」を「行動」に変換していくプロセスが非常に重要です。思考から行動にする過程で、「失敗したらどうしよう」「ケガが怖い」「恥をかきたくない」など恐怖心や自己保身のような精神的リスクが生じます。これらのリスクに対して立ち向かい、責任を負う気持ちこそが「勇気」です。

勇気を発揮するためには、恥じらいや迷いが生まれがちです。勇気を奮って行動する前に生じる迷いの時間を大切にしましょう。子どもが口をつぐんでいるときこそ、頭を必死に回転させて考えているケースが多いものです。大人のほうが無言に耐えきれず声を出してしまったことで、勇気を発揮するチャンスが妨げられてしまうという場合もあります。子どもたちの勇気を引き出すために、大人が我慢して待つ勇気も求められるのです。

【覚悟】

スポーツは、勝利をめざして自ら真剣に愉しむものです。しかし、勝ちたいとただ願うだけで勝利をつかめるわけではありませんし、楽をしていれば愉しいわけでもありません。心からの達成感と喜びを味わうためには、勝利に向けた過程のさまざまな困難を受け入れ、最後まであきらめずに全力を尽くす「覚悟」が求められます。

一方で、覚悟は誰かに指示されて備える気持ちではなく、自分自身で意識するもの。ですから、覚悟をもつ大切さを訴えながら、プレーヤー自身の中に自ら愉しむ覚悟が自然と芽生えるように辛抱強く向き合い導くことが指導者には求められます。

197

【謝る】

　スポーツに限らず、失敗はつきものです。「失敗は成功の母」といいますが、失敗は私たちに気づきと学びをもたらします。だからこそ、とくに若い世代のプレーヤーを指導する際には、失敗を防ぐこと以上に、失敗してもいい環境を整えることが重要です。

　失敗したときに大切なのは、素直に謝ること。ただ謝ればいいというわけでもありませんが、明らかに自分に非があるのに、それを認めず誰かのせいにして責任転嫁するのはスポーツマンらしくありません。

　最も重要なことは、指導者が率先して謝る姿勢を示すことです。指導者も完璧な人間ではありません。間違えることも、失敗することもあるはずです。そのことを自ら認め、「私が悪かった。申し訳ない」という姿勢を見せることこそが、最大の指導だといえるでしょう。子どもたちはいつも大人の姿を見つめています。

【レジリエンス】

　敗北や失敗は人を傷つけます。ときには、立ち直れないほどの挫折感を味わうこともあるかもしれません。しかし、本人自身がその挫折を乗り越え、立ち直るしかないことを理解しましょう。

　現代社会では、さまざまなストレスに対する自己コントロール能力や、環境や状況の変化や予期せぬ出来事に対して適応するための能力が求められます。そのためには、自ら考え、自ら制御し、自ら乗り越えていくことが必要になります。脅威に対して適応し苦境から立ち直る力「レジリエンス」や、ものごとを前向きにとらえる「ポジティブシンキング」は、失敗や挫折を乗り越えていく際に求められる重要な力です。このような力を自ら発揮できるようにするためには、子どもたちの心の機微に目配りしながらも、指導者が関与しすぎないように我慢することも大切です。そうしてレジリエントな力を手に入れたとき、失敗を恐れずに挑戦できる勇気が手に入るはずです。

【当事者意識】

　当事者意識とは、「自分自身がその事柄に直接関係しているという自覚」のこと。当事者意識を欠くと、「私のせいではない」（自己正当化）とか、「私がいなくてもなんとかなる」（現実逃避・無責任）とか、「私にはできない」（無力感）といった思考に至ります。

　なにか質問をされたときに、自分が自分の回答を決めるのに、周囲は関係ないはずです。周りを見回してから回答する人はスポーツマンとは呼べません。これは「学ぶ」のか「教わる」のかの違いを考えるとわかりやすいでしょう。受け身で「教わる」という姿勢ではなく、「自ら学ぼうとする」かが当事者性につながります。学ぶためには、学ぶ側の主体的な意識が重要になるのです。

　当事者意識は、スポーツやスポーツマンシップにおける重要なキーワード。スポーツマンには自ら主体的に愉しむ覚悟、すなわち当事者意識が不可欠なのです。

【コミュニケーション】

　人生やビジネスにおいても同様ですが、プレーの一つひとつには正解がないケースがほとんどです。だからこそ、その正解を探すために、コミュニケーションを図ることが大切になります。

　多様な他者を尊重しながら意見によく耳を傾ける。相手に伝わるように、勇気をもって自分の意見を主張する。そうやって試行錯誤しながら正解らしきものを全力で探す。これらを実現するためにコミュニケーションが重要になります。

　スポーツは、コミュニケーション力を高める場でもあることを理解し、子どもたちとの最適なコミュニケーションのあり方を試行錯誤することが指導者の重要な任務です。

【リーダーシップ】

　リーダーシップの重要性が叫ばれていますが、日本においてはリーダーシップを育むための教育があまり重視されていないように感じます。公平や平等という要素を重視するあまり、同一性を優先する雰囲気が蔓延し、突出することが疎ましがられ、出る杭は打たれます。しかし、リーダーシップ教育の不足は、社会的に大きなリスクになります。

　リーダーには、とりまく周囲への「尊重」、自ら考え決断し実行する「勇気」、責任を負いやり抜く「覚悟」などが求められます。リーダーシップがスポーツマンシップと重なり合うことも、これらの力を養うのにスポーツが最適なソフトの一つであることも、読者のみなさんならご理解いただけるでしょう。事実、多くの大統領や首相がスポーツ経験者として知られているように、「リーダーシップはスポーツで学ぶ」ことは欧米の先進国では常識になりつつあるようです。

　よきリーダーが機能するには、リーダーシップを理解したよきフォロワーの存在も不可欠です。リーダーシップ教育は、同時に、フォロワーシップ教育でもあるのです。

　コーチや先輩のいうことに絶対服従する、いわゆる体育会系のような文化の中では「自ら考える力」は軽視されがちです。スポーツがスポーツマンを育て、リーダーを育て、フォロワーを育てる場であることを理解して、子どもたちが自ら考える力を育めるように指導していきましょう。

【ほめる】

　子どもは自信をもつことで上達します。叱ってばかりいても決して伸びません。だからこそ、「ほめる」ことが大切になります。しかしながら、もちろんただほめればいいというわけでもありません。うまくできたり、課題を克服できたりしたら、できるだけ早いタイミングでほめてあげましょう。

　大切なことは、子どもが「あ、できた!」と思った瞬間を見逃さないことです。しかしながら、その子どもがそれまでできなかったことを知らなければ、「できたね!」と声をかけてほめてあげることができませんよね。子どもたちのプレーや技術を個別に把握していなければ、そのわずかな変化に気づくことができないのです。指導者は、全員に対してよく目配りをしておくことが求められます。

【自信をもち、自身を疑う】

　自信をもつことは重要です。自信やプライドのない指導者の言葉は、子どもたちを不安にさせてしまうこともあります。一方で、その自信やプライドをつねに疑う謙虚さや不安こそが、指導者自らの成長意欲や学びへとかりたてる原動力となります。

　どちらか一方ではいけません。自信をもちながらもつねに自身を疑う。これらを両立するバランスも指導者に求められていることを忘れないようにしましょう。

【Good】

　Good Game、Good Fellow、Good Loser、Good Winner……。さらには、Good Player、Good Coach、Good Teacher、Good Parents、Good Student、Good Association、Good Company、Good Society……。

　本書の中にはたくさんのGoodが出てきました。

　Goodには、私たちがめざす「かっこよさ」「よき倫理観」が反映されています。Good Playerを育てるGood Coachをめざして、スポーツに向き合っていきましょう。みなさんの「よき指導」が創り出す、Good Fellowであふれるよき未来に期待しています。

IOC「CELEBRATE HUMANITY」(2000)

あなたは対戦者、でも決して敵ではない
あなたの抵抗が、私に力をくれるから
あなたの信念が、私に勇気をくれるから
あなたの精神が、私を高めてくれるから
そして、あなたを倒すことが私の目標だが、たとえその目標を達成しても、
あなたの誇りを決して傷つけたりしない
それどころか、あなたを誇りに思うだろう
あなたがいなければ、私はちっぽけな人間にすぎないのだから

You are adversary, but you are not my enemy
For your resistance gives me strength
Your will gives me courage
Your spirit ennobles me
And though I aim to defeat you, should I succeed,
I will not humiliate you.
Instead I will honour you,
For without you, I am a lesser man.

これはIOC(国際オリンピック委員会)による史上初の
グローバルブランディングキャンペーンとして2000年に創られたメッセージです。

200

Rugby World Cup 2019
「この感動は、一生に一度だ」(2019)

戦いは、つねに一期一会。
それは、自分との戦い。それは、仲間との戦い。
品位と情熱を併せもつ者たちは、規律を重んじ、結束する。
そして、何者をも恐れず挑戦する。

一人はみんなのために、みんなは一つのために。

栄光を勝ちとるために、あらゆる努力、あらゆる犠牲をもいとわない。
鍛えられた肉体と、研ぎ澄まされた精神、期待を背負ったプライドが激しくぶつかり合う。
その姿は、見る者の心を激しくゆさぶる。
苦しみは、大きな喜びへと変わる。
その喜びは、かけがえのないものとなる。
そして、そこには敗者はいない。お互いがお互いを称え合う紳士しかいない。

ノーサイド。

この絆は決して消えることはない。やがてその絆は世界を一つにする。
次の勝利のために大きな期待を背負い、戦いに向かう。
同じ日はない、同じゲームも二度とはない。
この感動は、一生に一度だ。

In the heat of battle, you get one opportunity.
A battle against yourself. Or a battle against others.
Integrity, Passion, Disipline, Solidarity,
Face your fears head on.

One for all, All for one.

Success and honour come from determination and sacrifice.
A disciplined mind, body and spirit.
Carrying the hopes of the nation as a badge of pride.
Inspiring all with your fighting spirit.
Turning struggle into the joy of victory.
A joy that is truly priceless.
Yet, in the end, there are only winners.

No-side.

The bond that unites is never broken.
A new challenge will come. A chance to be victorious.
Every day is unique, every match is once in a lifetime.
Once in a lifetime.

これは日本で開催された「ラグビーワールドカップ2019」のオフィシャルソング
「World In Union」に合わせて創られたメッセージです。

　2019年、日本で開催されたラグビーワールドカップは、日本代表「Brave Blossoms」がベスト8に進出する活躍もあり、大きな話題を呼びました。ラグビーというスポーツに多くの人たちが熱狂した大きな理由は、日本代表の活躍以上に、世界中のトップラガーマンが示したスポーツマンシップだったといっても過言ではないでしょう。

　鍛え上げられた肉体を身にまとった屈強な面々がとことん激しくぶつかり合う。恐れることなく、怯むことなく、強靭な精神で相手に立ち向かう。一瞬たりとも休まず、痛みをこらえ、犠牲をいとわず、次のプレーに全力で立ち向かう。わざと倒れて審判にアピールするプレーヤーもいなければ、判定に対して文句をいうこともない。きわどい判定のプレーでも、審判の判断には誰もがすぐさましたがう。ひとたび試合が終われば、互いが互いを認め合い、称え合う紳士たちとなる。それこそがラグビーというスポーツを愛するラガーたちの矜持、プライドだと感じさせられました。

　格下の日本代表に敗れた際、歓喜に酔いしれる日本代表の選手たちを見つめながら、握手するタイミングを待ち、じっと冷静にその様子を見守っていたアイルランド代表の選手たち。敗戦の屈辱をこらえ、勝利した相手を称え、次なる戦いを見据えてまた前を向く姿勢は「Good Loser」そのものだったように思います。

　また、大会のさなか、台風や大雨による水害などにより各地に甚大な被害がもたらされました。台風の影響で試合が中止となった後、宮古市でファン交流会を開催したナミビア代表の選手たちや、被災した釜石市でボランティア活動に参加したカナダ代表の選手たち。準備に多くの時間を割いてきた関係者のみなさん、観戦できることを愉しみにしていたファンのみなさん、なにより最後の戦いに備えていたナミビア・カナダ両チームの

選手や関係者の方々のことを思うと、なんとも残念といわざるを得ません
でしたが、グラウンドの外で感謝の気持ちを形にして示す彼らの姿から
は、私たちがスポーツを愉しむことができる日常がいかに幸せであるかを
あらためて思い出させてくれました。

　平和があり、安全があり、日常の平穏があってのスポーツです。いうま
でもなく、最優先されるべきは人命であり、くらしの安全です。選手たち
は国の威信をかけて戦っていますが、しかしながらそれも、所詮は遊びで
あり気晴らしであることを忘れてはいけません。

　たかがスポーツ。されどスポーツ。

　ラグビーというスポーツの激しさ、面白さもさることながら、グラウン
ド内外で見せる彼らの振る舞いの多くが、スポーツマンらしさにあふれて
おり、スポーツマンシップを学ぶ題材の宝庫だったと感じます。

　そして、2020年。ついに、東京オリンピック・パラリンピック競技大会
が開催されます。オリンピックの開会式では、各国代表選手団の旗手が集
まる中、参加する全選手の中から開催国の代表が「スポーツマンシップ」
を謳う選手宣誓を行います。しかし、このことはあまり広く知られていま
せんし、それどころか、私たちはスポーツマンシップについて学ぶ機会が
ほとんどないのが実情です。スポーツと平和の祭典であるオリンピックを
開催するホスト国の私たちが、スポーツマンシップやオリンピズムを理解
しないままでいいとは思えません。

　スポーツに関わる人たちは、本能的に「スポーツはいいもの」と感じて
いる人が多いでしょう。しかし、スポーツに興味のない人たちから見れ
ば、「勉強もせず遊びのようなものに命をかけている人たち」と映っている
かもしれません。

なぜスポーツに価値があるのかについて、私たちはあらためて考え、言語化できるようにする必要がありそうです。

　スポーツにおいて、勝利のために、真剣に全力を尽くすことは大切です。しかし、それが単なる遊びであることを理解し、ルールと審判を尊重してフェアに戦い、敗れたときには勝者を心から称えられるかも重要です。ただ「勝てばいい」という考え方は、スポーツ本来の価値を失わせます。その一方で、ただ「愉しめばいい」というわけでもありません。

　スポーツマンシップとはGood Gameを実現する心構えのことです。Good Gameを実現するためには、真剣なプレーヤーと公平なルールと誠実な審判を尊重した上で、勝利のために全力を尽くすことが必要です。他者への「尊重」、障壁に立ち向かう「勇気」、そしてスポーツがもつ複雑さを理解し向き合う「覚悟」。Good Gameをめざして全力を尽くす過程の姿勢こそが、スポーツにおいて最も重要な価値をもたらすのです。

　スポーツは、矛盾に満ちた複雑なものだといえます。そしてそれは、人生や社会と非常に似ています。勝利さえすればすばらしいというわけではありません。それは、経済的に裕福であれば人間的に魅力的であり、人生が豊かであるとはいえないのと同様のことです。

　だからこそ、私たちが生きる上で必要なさまざまな力を身につけるのにスポーツが最適な手段となりうるのです。

　スポーツを愛し、スポーツと向き合い、スポーツの本質的な価値を理解したみなさんが、スポーツマンシップを理解し、実践できるように努めること。そしてその前提で、子どもたちの未来を預かっていることを理解し、スポーツを通して指導するように努めること。私たち大人が果たしていく役割は大きいと感じます。

本書出版にあたり、スポーツマンシップの師であり、生前、道を照らし続けてくださった亡き広瀬一郎さんに御礼申し上げます。また、私たちに真のスポーツマンとしての矜持をつねに示してくださる川淵三郎さんより光栄にも本書への推薦の言葉をいただきましたことに深謝申し上げます。

　そして、錦織圭之介さん、吉村洋人さんをはじめとする東洋館出版社のみなさん、過去にスポーツマンシップに関する書籍を出版くださったベースボール・マガジン社、小学館、学研教育出版のみなさん、多くの気づきを与えてくださる千葉商科大学サービス創造学部の学生・教職員のみなさん、そして、日本スポーツマンシップ協会の仲間たちと、私どもの活動に関心を示してくださるすべての方々に、心より御礼申し上げます。

　本書は『スポーツマンシップバイブル』というタイトルを掲げました。「バイブル＝キリスト教の聖書」と考えると、絶対的な経典であるかのように思えますが、決してそういう意味ではなく、スポーツと向き合う上で、スポーツマンシップを考えていく上で「参考になるモノ」という意味でこのタイトルにしています。本書に書いてあることが唯一無二の正解というわけではありません。今後さらに仲間が増えていき、スポーツとスポーツマンシップと向き合うみなさんの議論がより活発になり、本書がよりよいものへと昇華していくことを期待しています。

　より深いスポーツの理解と、より実践的なスポーツマンシップの普及を実現することで、よりよき人を育み、よりよき社会づくりに貢献したい。本書が、そんな同志たちをつなぐ一助になれば幸甚の至りです。

一般社団法人日本スポーツマンシップ協会
代表理事　中村聡宏

参考文献

〔書籍〕

『スポーツマンシップを考える』(広瀬一郎 著、ベースボール・マガジン社、2002)

『スポーツマンシップを考える　増補・改訂版』(広瀬一郎 著、小学館、2005)

『「尊重」と「覚悟」を育むスポーツマンシップ立国論』(広瀬一郎 著、小学館、2010)

『新しいスポーツマンシップの教科書』(広瀬一郎 著、学研教育出版、2014)

『近代スポーツマンシップの誕生と成長』(阿部生雄 著、筑波大学出版会、2009)

『コーチのためのスポーツモラル』(金子藤吉 著、逍遥書院、1961)

『フェアプレイ—スポーツと教育における倫理学』(ピーター・マキントシュ 著、ベースボール・マガジン社、1983)

『スポーツを考える—身体・資本・ナショナリズム』(多木浩二 著、筑摩書房、1995)

『スポーツとは何か』(玉木正之 著、講談社、1999)

『新版 スポーツの歴史と文化』(新井博 編著、道和書院、2019)

『ソクラテスの弁明・クリトン』(プラトン 著、岩波書店、1964)

『中学生からの哲学「超」入門』(竹田青嗣 著、筑摩書房、2009)

『プラトン入門』(竹田青嗣 著、筑摩書房、2015)

『ホモ・ルーデンス』(ホイジンガ 著、中央公論新社、1973)

『遊びと人間』(ロジェ・カイヨワ 著、講談社、1990)

『日本のメッシの育て方』(上野山信行 著、経済界、2012)

『やり抜く力 GRIT(グリット)——人生のあらゆる成功を決める「究極の能力」を身につける』
(アンジェラ・ダックワース 著、ダイヤモンド社、2016)

『ノーサイドに乾杯!』(松瀬学 著、論創社、2019)

『球数制限』(広尾晃 著、ビジネス社、2019)

『永遠に刻みたいイチロー262のメッセージ』(「永遠に刻みたいイチロー262のメッセージ」編集委員会、ぴあ、2019)

〔雑誌〕

『OLYMPIAN』(日本オリンピック委員会)

『Yell Sports千葉』(三栄)

〔WEB記事〕

国際オリンピック委員会公式サイト(https://www.olympic.org/)

日本オリンピック委員会公式サイト(https://www.joc.or.jp/)

WORLD RUGBY公式サイト(https://www.world.rugby/)

サカイク『握手をしない高校球児がグッドルーザーになれない理由』
(https://www.sakaiku.jp/series/growth/2019/014007.html)

VICTORY『改めて問う、「スポーツマンシップとは何か?」今こそスポーツ界で考えるべき原理原則』
(https://victorysportsnews.com/articles/7008/original)

VICTORY『日本代表は「スポーツマンシップ」に則っていたか?改めて考えるべきW杯"ボール回し"の是非』
(https://victorysportsnews.com/articles/7096/original)

［著者］ 中村 聡宏

一般社団法人日本スポーツマンシップ協会　代表理事
立教大学　スポーツウエルネス学部　准教授

1973年生まれ。慶應義塾大学法学部卒。印刷会社に入社し、スポーツポータルサイト「スポーツ
ナビ」立ち上げのプロジェクトに関わるなど、広告、出版、印刷、WEB、イベントなど多分野の企画・
制作・編集・運営等業務に従事。独立行政法人経済産業研究所では広瀬一郎上席研究員とともに、
サッカーワールドカップ開催都市事後調査プロジェクト、「Jリーグ発足時の制度設計」調査研究プ
ロジェクトなどに参画。また、スポーツビジネス界の人材開発育成を目的としたスポーツマネジメン
トスクール（SMS）を企画・運営、東京大学を皮切りに全国展開。2015年千葉商科大学サービス
創造学部に着任。2018年一般社団法人日本スポーツマンシップ協会を設立し、代表理事会長に
就任。2023年立教大学スポーツウエルネス学部に着任。スポーツマンシップ教育を展開する。

スポーツマンシップバイブル

2020（令和2）年1月20日　初版第1刷発行
2023（令和5）年12月8日　初版第4刷発行

著　者　中村 聡宏
発行者　錦織 圭之介
発行所　株式会社 東洋館出版社
　　　　〒101-0054　東京都千代田区神田錦町2-9-1
　　　　　　　　　　コンフォール安田ビル2階
　　　　営業部　TEL 03-6778-7278／FAX 03-5281-8092
　　　　代　表　TEL 03-6778-4343／FAX 03-5281-8091
　　　　振替　00180-7-96823
　　　　URL　https://www.toyokan.co.jp

　　　　［編集］　吉村洋人（東洋館出版社）
［装丁・本文デザイン］　山内宏一郎（SAIWAI DESIGN）
　　　　　　　［DTP］　松浦竜矢
　　　　　［イラスト］　B・B・スプラウト
　　　　　［編集協力］　一木大治朗
　　　　　［印刷・製本］　岩岡印刷株式会社

ISBN 978-4-491-03973-2 Printed in Japan